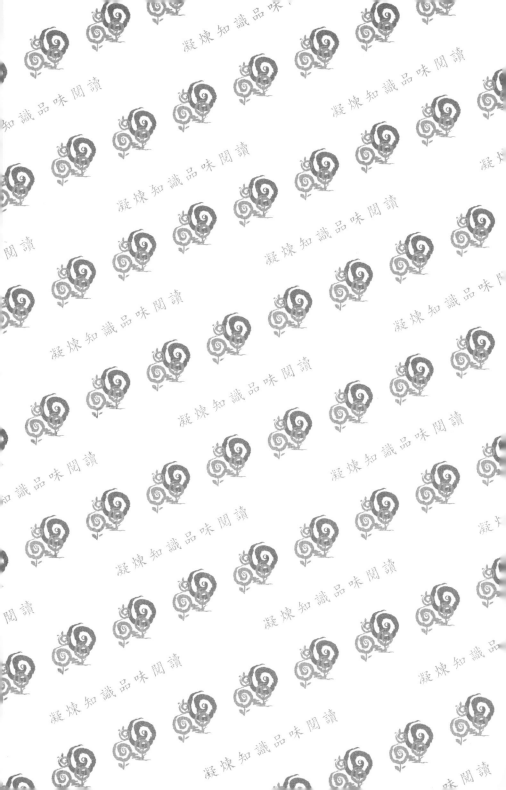

運動與科學

Sport and Science

邱宏達——著
劉豐盛——繪

五南圖書出版公司 印行

推薦序

　　為達奧林匹克「更高、更遠、更快」之目標，運動員就必須以最正確、安全、有效率的方式去移動身體；運動科學能以科學方法去瞭解人體各種動作，改善運動方式、預防運動傷害、提昇運動表現，進而達到超越巔峰之目標。運動科學是一門專業且領域涵蓋廣泛的應用學科，舉凡醫學、生理、心理及生物力學等，都是運動科學涵蓋之範圍。

　　邱宏達教授是陽明大學醫工所碩士及台師大體育研究所博士，曾任職於國家運動訓練中心運動科學組，實際參與各種國家隊之培訓實務工作，現於成功大學體育健康與休閒研究所擔任副教授，從醫工領域進入運動科學領域，邱宏達教授一直不斷的吸收新知，並累積能量、結合運科實務與研究教學工作，終於完成了一本兼具科普及專業的著作《運動與科學》，欣聞邱宏達教授即將出版本書，本人欣然允序推薦。

　　本書嘗試將科學的方法運用在競技運動上，使有效提昇競技運動學習的效果，除此之外，也可以藉由對運動科學的認識，幫助欣賞比賽和了解某些運動技術的科學原理，進而增加對於運動

的興趣。這是一本相當實用的入門書，能夠讓運動員、運動指導者和運動愛好者，甚至一般民眾均可深入淺出的了解運動與科學之關係，讓運動科學不再深奧難懂，並期能讓更多人實際利用科學的方法參與運動，相信本書對讀者及運動科學領域都會有實質之助益。

相子元

國立臺灣師範大學 運動科學研究所　特聘教授

再版序

今年（2022）二月我卸下學校行政主管的業務，並開始接下來一年的休假研究。由於新冠肺炎疫情關係，我休假研究選擇在國內進行，而就在這個時候，五南出版社高主編找上了我，希望可以將「運動與科學」改版再出書。

自從2012年12月本書出版上市到現在也已過了10年。在這期間，中華代表隊從2017世大運、2018巨港亞運，直到2020年東京奧運（延至2021年舉辦）屢創佳績，也帶動國內競技運動科學研究的風潮，科技部並在2018年推動精準運動科學研究計畫，遴選國內8個跨領域的團隊，針對棒球、羽球、桌球、舉重與自由車等運動，進行運動科學的跨域研究，並以與科技產業合作為目標。

我有幸於2017年蒙臺灣師範大學相子元教授推薦，借調至「行政法人國家運動訓練中心」擔任運動科學處經理（後行政重新編組，改為處長），協助中華隊於2017世大運奪得26面金牌的空前佳績，在本書再版的第一章「運動科學理論與實務」中，針對當時國訓中心運科支援的內容，做了新的介紹。另，我也參

與了本校心理系蕭富仁教授所執行之精準運動科學跨域整合型計畫，針對桌球運動員心智能力評估、技術動作診斷、比賽紀錄與情蒐系統等進行研究與產出，這部分也在本書第八章的「桌球」中有做介紹。

本次再版，除了在「運動科學理論與實務」中有較大篇幅的修正外，也在「球類運動的科學」中新增了「桌球」與「撞球」兩章，在「運動器材的科學」中新增了「健身運動器材」，另針對各章內容進行相關資訊的更新，如比賽紀錄、規則更改等。當然，在修訂過程中難免會有疏漏的地方，如有相關資訊錯誤之處，也請讀者們不吝指教！

最後，期待本書再版，能為國內競技運動科學的推廣盡棉薄之力，也希望吸引更多有興趣的人才，加入競技運動科學或運動科技產業的行列中。

邱宏達

2022年5月寫於台南市

作者序

　　在成大開設這門通識課，算算今年已然邁入第十年，從最初的課程內容規劃與資料蒐集，到現在總算完成了這本書的撰寫，寫書眞的需要很大的毅力，過程中如果失去動力，實在很難持續下去。我在大約五、六前就開始計畫寫這本書，但是遲遲無法動筆，直到五南出版社的邀請，才催逼自己開始這艱辛的工作。

　　本書大致上就是我多年來上「運動與科學」通識課的講義，另外還補充了一些在課堂上沒講的內容，讓這本書更趨完整。整本書分爲四篇，包含：運動科學介紹、田徑場上的科學、球類運動的科學以及運動器材的科學，有別於一般市面上看到的運動科學相關書籍，本書多著墨在競技運動，特別是第一章運動科學理論與實務，介紹了國內競技運動科學實務的推展，這一部分其實在國內已實施多年，但一般民眾知道的並不多。第二、三章介紹運動生物力學的理論與應用，對於運動生物力學有興趣的學生，這部分可以做爲學習的入門，而我在撰寫這兩章時，也盡量避免使用艱澀的數學公式，取代以運動的例子做觀念上的說明。跑、跳、擲是所有競技運動的基本技能，因此在第二篇介紹田徑場上

的科學。接著，在進入球類運動科學之前，先介紹常見的球賽賽程，這是最受學生喜歡的一堂課，由於學生常要舉辦系砂鍋，或是校際的比賽，知道怎樣設計好的賽程，對他們來說是相當實用的。由於本書篇幅的限制，因此本書在球類運動中，僅介紹大家較熟悉的棒球，想要對棒球有深入了解的人，建議你可以好好閱讀。最後，介紹競技運動不可或缺的運動器材，包含運動鞋，這也是非常受學生喜歡的一堂課，另外還有網球拍、棒球棒和高爾夫球桿等。

　　本書有幾項特別的地方，首先在內文中會出現　這樣的圖案並提出一個簡單的問題，這些問題都可當作在課堂中和學生互動討論的題目，有的在後文中有解答，有的則沒有標準答案；每章最後還有重點複習，讓學生可以對該章的介紹做整理回顧，授課老師也可以彈性作為回家作業，或是期末測驗的題庫。另外，內文中還附有YouTube影片的連結，可以搭配輔助內文文字的說明。雖然本書已做過多次校稿，但必然還是會有錯誤之處，也請讀者能不吝指教；當然，對本課程有興趣的老師，也歡迎和我聯繫，我很樂意提供上課的課程大綱和投影片。

　　本書能夠順利完成，要特別感謝五南出版社在後續排版、美編及印刷的幫忙，這本書才能如期出版。謝謝豐盛弟兄在插圖上

作者序

的繪製，讓本書內容更豐富精采。謝謝運動生物力學實驗室的研究生：雅涵、時聿、培偉、沂萱、銘佑、蓓蓓，以及崇仁護專龔玆銘老師幫忙蒐集資料及撰寫部分內容，以及上我「運動科學實務」的學生們幫忙校稿。感謝國訓中心運科組，提供倫敦奧運運科支援的相關資料；感謝體育室陳敬能老師、謝孟志老師、馬上鈞老師在專長領域上提供意見；感謝臺灣師大相子元教授為本書撰寫推薦序。

最後，要感謝成大教師團契、台南聖教會弟兄姊妹對這本書長期的關心與代禱，成為我寫這本書最大的動力。謝謝我親愛的家人，讓我可以在夜深人靜時拼命的趕工，沒有辦法多一些時間陪伴你們。我也深相信「若不是耶和華建造房屋，建造的人就枉然勞力；若不是耶和華看守城池，看守的人就枉然警醒」，將這一切榮耀都歸給神！

邱宏達　謹識

2012年10月於台南市

Part 1 運動科學介紹
(Introduction of sport science)

Chapter 1

運動科學理論與實務
(Theory and practice of sport science)

Chapter 2

運動生物力學理論與應用
—— 靜力學 (Statics)

Chapter 3

運動生物力學理論與應用
—— 動力學 (Dynamics)

Part 2 田徑場上的科學
（Science of track and field）

Chapter *4*

徑賽（Track）

Part 3　球類運動的科學
（Science of ball game）

CONTENT

CONTENT

Chapter 14

高爾夫球桿（Golf clubs）

Chapter 15

健身運動器材（Fitness Equipment）

Part 1

運動科學介紹
（Introduction of sport science）

　　sport science 或 exercise science 都稱之為運動科學，但通常 exercise 指的是健身運動，因此 exercise science 可以說是以科學方法使運動達到健身或訓練的效果；sport 則是指競技運動，因此 sport science 就是以科學的方法使運動的表現提昇，或是在競賽中如何防止運動傷害。本書嘗試將科學的方法運用在競技運動上，使有效提昇競技運動學習的效果。除此之外，也可以藉由對運動科學的認識，幫助欣賞比賽和了解某些運動技術的科學原理，進而增加對於競技運動的興趣。本篇將介紹國內運動科學推展狀況，讓讀者能夠知道運動科學可以如何來支援國家代表隊的訓練，並且幫助他們在國際比賽中取得佳績。接下來，將介紹運動生物力學（sport biomechanics）理論在競技運動上的應用，幫助讀者在後續的章節中能更快了解各項競技運動所介紹的科學原理。

運動科學理論與實務
(Theory and practice of sport science)

壹、前言

　　運動科學是跨領域的應用科學，使用到的相關學科包含數學、化學、物理學、工程學、生物學、生理學、心理學等，而運動科學又可分為幾個次領域，包含運動生理學、運動心理學、運動生物力學、運動醫學、運動營養學等等（圖 1-1）。本章我們將概略介紹各個次領域在競技運動上的應用，以及目前國內運動科學實務的發展概況。

運動科學介紹

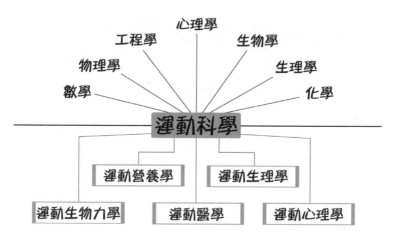

圖 1-1 運動科學是跨領域的應用科學，包含運動生理學、運動心理學、運動生物力學、運動醫學、運動營養學等次領域。

貳、運動科學次領域

一、運動生理學（exercise physiology）

　　運動生理學就是將生理學、生物學、化學等學門的知識應用到運動領域上所衍生出的新學門，主要在探討運動對人體各系統如呼吸系統、消化系統、肌肉骨骼系統、內分泌系統、循環系統等的影響，譬如像人體在熱環境中運動是如何調控體溫？如果選手要去比賽的國家氣溫較高，在賽前的訓練就必須給予同樣的熱環境讓選手適應，如果沒有做好適應的訓練，比賽時可能會因體

溫急速上升而影響表現，甚至造成生命的危險。另外，製造低氧的環境或是進行高地訓練，選手便能因爲對環境的適應而提昇心肺能力。在訓練方面，除了環境的適應訓練外，重量訓練如何增進肌力、肌肉爆發力、肌耐力，其訓練的處方是不相同的。而各運動項目使用到哪些能量系統？訓練後乳酸的堆積，以及如何去除疲勞？都是運動生理學探討的課題。

二、運動心理學（sport psychology）

運動心理學就是將心理學的理論應用到競技運動上，像是探討不同運動項目運動員的人格、動機、領導能力、自信心等心理特質有何差別？這些人格特質是透過選才，還是可以經過訓練來養成？如何在比賽前或比賽時，不讓選手因過度緊張而影響表現？如何在選手進入表現的低潮期時，給予心理上的支持或輔導？如何提升選手表現的穩定性等？運動心理學尤其對封閉性技能（closed skill）的運動更爲重要，所謂封閉性技能的運動項目，例如射箭、保齡球、撞球、舉重等。以環境特性來看，封閉性技能的運動環境較爲穩定，以技術層面來看，它的基本技術要求是比較一致，表現的結果通常也是可預期的。以射箭爲例，就是拿弓、瞄靶、放箭、打中靶；保齡球則是持球向前走 3～4

運動科學介紹

步、後擺、向前丟、球將球瓶撞倒；撞球則是用球桿打母球、母球去撞子球，把子球打進球袋裡；舉重則是把槓鈴以連續動作舉至頭頂。由此可知，這些運動項目通常都需要極大的穩定性，也因此運動員心理狀況對運動表現就會產生很大的影響，比賽時若過於緊張就會使表現失常。因此，運動心理學的訓練或介入對競技運動員來說是相當重要的，特別是在重大比賽前以及比賽當下。

三、運動生物力學（sport biomechanics）

運動生物力學就是將力學原理應用在競技運動表現或是防止運動傷害上，譬如說棒球投手投出各樣變化球的旋轉與軌跡？為何跳高選手跳過竿子一瞬間要把身體拱成倒 U 字型？運動器材規定的改變如何影響到運動員的技術與戰術策略？這些都是運動生物力學探討的課題。另外，運動傷害產生的機制，也是運動生物力學研究的課題，這個當然就可以拿來做設計訓練課程的參考：必須做什麼樣的運動才能避免傷害，或者是設計防護的用具，讓運動員在練習和比賽的時候不要受傷。當然，也可以為運動員量身打造專用運動器材，提升運動表現，譬如為運動員個人客製化的專項運動鞋等。

以上是運動科學幾個次領域的介紹，其他次領域像運動營養、運動醫學等對競技運動員一樣是相當重要的，本章後面會有這些領域相關實務的介紹。此外，近來資訊科學，如大數據（Big Data）、人工智慧（Artificial Intelligence）等，也被應用來做為運動競賽的數據分析與情蒐，使運動員的訓練更有效率，比賽時教練的技戰術使用更科學化。

那到底是哪些人會需要運動科學的知識呢？其實只要是有在運動的人，不管是從事一般休閒運動者或是專業的競技運動員，其實都需要運動科學的知識，除了可以幫助提升運動表現，也可預防運動傷害發生；而其他像物理治療師、職能治療師、復健醫師、體育老師、教練等專業人員，若是能具備運動科學知識，便能知道如何以正確方式達到運動健身或運動復健的效果；而與職業運動球隊有關的企業主管或是制定運動政策的政府官員等，若是能了解運動科學，也才能落實全民運動或是職業運動的推廣，所以運動科學知識的推廣可以說是當務之急。

運動科學介紹

參、國內運動科學發展概況

一、國家運動訓練中心（National Sports Training Center）

國內最早開始以運動科學輔助選手訓練，應該是在 1987 年於北訓中心及左訓中心成立的運動科學組，當時兩個訓練中心一個是位在桃園的北部訓練中心，即現在國立體育學院及長庚大學校址所在地，另一個是位在高雄的左營訓練中心（成立於 1976 年），即現在國家運動訓練中心（簡稱國訓中心）的前身，兩個訓練中心當時都是隸屬於中華民國體育運動總會。1997 年行政院體育委員會正式成立後，兩個訓練中心便改歸屬到體委會，其中北部訓練中心於 2001 年因故收編，僅存的高雄左營訓練中心則於同年改名為「國家運動選手訓練中心」。2013 年 1 月 1 日因政府組織改造，體委會併入教育部為體育署，國訓中心由體育署管理；2015 年 1 月 1 日為強化台灣競技運動人才的培育，國訓中心正式改制為行政法人，繼續培育優秀運動選手，提昇國家競技運動實力與成績。

早期訓練中心運科組的主要任務，是在提供進駐中心的代表隊於重大比賽集訓前後，進行選手的體能檢測，包含一般常見的心肺、肌力、柔軟度等，也檢測與運動表現有關的競技體適能，

如平衡、無氧動力、速度、敏捷性、協調以及反應時間等；若有需要，也會和教練討論後實施各運動項目專項的體能檢測。運科組也提供運動營養諮詢、運動員每日的菜單設計、心理輔導、以及運動傷害防護等服務。行政法人後，國訓中心大量聘任，包含體能訓練、生化檢驗、運動營養、運動心理、運動力學（資訊情蒐）、醫療防護等專業運科人員，運科支援業務漸漸轉由中心運科處執行。而現在的國訓中心運科處還提供血液生化檢測、低氧模擬室（圖 1-2）、即時的動作攝影回饋等服務，無論在人力、儀器設備及支援項目都比以前更加多元。

圖 1-2　國訓中心運科處提供血液生化檢測（左圖）以及低氧模擬室（右圖）。血液生化檢測最快可以在檢測當天就將結果回饋給教練選手；而低氧模擬室提供給游泳、自由車等需要心肺耐力的選手，習慣在低氧的環境（氧氣濃度可低至 15% 左右）下活動。

運動科學介紹

1997 年趙麗雲女士是當時第一任的行政院體委會主委，有鑒於運動科學對競技運動的重要性，乃委由國立體育學院陳全壽教授擔任召集人，針對 1998 年曼谷亞運成立了「曼谷亞運運科小組」，並聘任當時各大專院校運動科學相關系所的教授組成任務小組，為各運動代表隊提供運動科學支援與服務。筆者當時擔任運動力學組的研究助理，負責空手道代表隊的運科支援，當年空手道隊在曼谷亞運獲得 1 金 1 銀 1 銅，而中華隊更獲得空前的 19 金 17 銀 41 銅，運動科學的積極介入可說是功不可沒。接下來的各屆亞、奧運也比照成立任務編組的運科小組，雖然成效都沒有曼谷亞運的結果好，但是在雅典奧運，跆拳道還是為我們台灣拿到第一面奧運金牌，另外射箭隊也在運科小組的支援下，拿到一銀一銅的佳績。

2015 年國訓中心法人化後，第一個集訓參加的大型賽會便是 2016 年的里約奧運，本次奧運中華隊的成績不盡理想。隔年接著準備 2017 的世大運，由於本屆世大運是由台灣主辦，因此國訓中心在第二任執行長林晉榮教授的帶領下，全中心進入備戰，運科處在本次賽會發揮了功效，於本次世大運輔助各代表隊奪得 26 金 34 銀 30 銅的佳績，甚至帶動接下來 2018 亞運

的 17 金 19 銀 31 銅、2020 東京奧運的 2 金 4 銀 6 銅（因 CO-VID19 疫情影響，延至 2021 年舉辦），履創佳績。若想看到歷屆奧運、亞運、東亞運中華代表隊的獎牌數，可上國訓中心網站（http://www.nstc.org.tw/）。

三、國訓中心運科處（運科小組）支援實務

（一）運動生理

對國家代表隊選手進行的體能測驗，除了基本的健康體能，如心肺適能、肌肉適能、身體組成與柔軟度外，還加上競技性的體能，如敏捷性、爆發力、協調性、反應時間、速度、平衡等等的測試。再來就是專項運動能力的檢測，通常專項運動能力檢測是由運科人員與教練討論後，針對該項目的運動特性所製訂的檢測項目。這些檢測通常會在集訓前後各測一次（或每季做一次），以瞭解集訓期間訓練的效果，當然也可以知道選手在比賽前的體能狀況。此外，也會進行抽血採樣的生化檢測，例如乳酸值、肌酸激酶（CK）的檢測，以監控選手的訓練強度是否恰當，如果乳酸濃度或 CK 值太高，表示選手處於疲勞狀態，也許是訓練強度太強或是選手沒有足夠的休息。除了生化檢測外，也會檢測選手的最大耗氧量，或是各主要關節肌群的等速肌力（圖 1-3）。

運動科學介紹

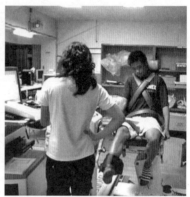

圖 1-3　最大耗氧量（左圖）和等速肌力的測量（右圖）。

（二）體能訓練

　　針對各樣檢測結果，以及各運動項目的運動特性，體能訓練師會設計體能加強課程，藉由課程的操作使選手的體能狀況在賽前達到巔峰。如協助選手重量、核心與輔助及TRX訓練，賽前熱身，進行肌肉啓動、敏捷性啓動，及協助賽後伸展、滾筒放鬆等。

（三）運動心理

　　運動心理方面，除了基本心理競技能力的評估之外，也協助教練選手競賽焦慮調節、心理準備、比賽過程中的壓力調節與專注力轉換、受傷心理調適，並協助教練與選手之間的溝通及比

賽後的檢視。此外，也會讓選手進行意象訓練，所謂意象訓練就是去模擬眞實比賽的情況，譬如播放觀眾嘈雜的加油聲，或是模擬比賽氣氛，讓選手熟悉比賽環境、模擬肌肉用力順序等。除此之外，教練與選手也需要心理的輔導。國內比較成功的案例是 1998 年的曼谷亞運，保齡球與撞球代表隊合計拿下 9 金 4 銀 4 銅，運動心理師的跟隊與輔導，顯著提升了選手的臨場表現。另外，也可經由腦波訊號分析，進行選手的放鬆訓練，使選手在比賽時經由心智的訓練去除不必要的緊張，使臨場表現能更好。

YouTube keywords：放空去比賽。

推薦影片

■ 獨立特派員 182 集。影片中主要介紹如何以腦波的訊號分析，以訓練選手放鬆。

（四）運動力學

運動力學方面，主要分為技術與戰術分析設計，以及運動訓練與防護器材分析設計兩方面。譬如使用高速攝影機（每秒可到 1000 張）拍攝選手的動作表現，藉由立即性的回饋，使選手能適時修正自己的動作；或是經由動作捕捉系統，擷取更細微的

運動科學介紹

動作，透過量化分析，找出影響表現或是造成傷害的關鍵因素。1998 年曼谷亞運，運動力學組爲空手道代表隊進行了集訓前、後的專項檢測，使用儀器包含加速規、全身動作反應測量儀器等（圖 1-4），主要檢測選手在做四種攻擊動作時的反應時間、動作時間以及擊靶力量，最後將結果回饋給教練與選手，做爲選手在比賽時攻擊策略使用之參考。空手道隊最後在曼谷亞運獲得 1 金 1 銀 1 銅。

圖 1-4　1998 年曼谷亞運，運科小組為空手道代表隊所做的專項檢測。使用儀器包含置入在靶中的加速規，以及全身動作反應測量儀器。選手在看到光源亮起後，立刻做出攻擊動作擊中懸吊的靶。

（五）運動醫學

運動醫學方面提供選手的健康管理，包含例行性的門診治療，以及運動傷害防護等。另外還有像藥檢的服務，提供禁藥資訊查詢等（請參閱財團法人運動禁藥防制基金會CTADA網站：http://www.antidoping.org.tw/）。比賽時，則會派出隨隊醫師同行，負責所有參賽選手的健康問題以及急性運動傷害的處理等。

（六）運動營養

訓練中心餐廳每日菜單的規劃，營養、飲食的評估與指導，包含運動前、運動中及運動後如何飲食及補充液體，各式營養品的提供，選手體重控制等，都是運動營養的工作任務。比賽時，針對每日過磅完後的即時供應能量補給和修復營養品，並於選手比賽前、每場比賽場次間、場次後不同狀況的營養品及食物補給。

四、2017 台北世大運運科支援實務

（一）落實運科支援單一窗口

為備戰 2017 世大運，國訓中心運科處落實運科的支援，各進駐的代表隊皆配置有 1 位運科人員及 1 位防護員作為單一窗口，並隨隊參與練習，能真正進行長期觀察，瞭解選手及教練

的需求，給予專業、即時的協助，並建立運動員科學檢測分析資料庫，以選手的個案報告方式進行立即性的回饋，包含測量選手的身體組成、體重、體脂率、脂肪重以及去脂重等，依照教練需求，在選手休息或訓練過後，透過指尖採血進行疲勞監控，主要是爲了瞭解選手的身體恢復狀況，或是訓練強度的負荷程度。運科人員賽場上的支援，不僅第一時間可以照顧到選手的機能，強而有力的後勤支援，給選手 VIP 的服務，讓上場作戰的選手不會有孤軍奮戰的感覺。由於此次世大運在國內舉辦，運科人員不只給予專業的支援，加上長期培養出有如隊友般的信任關係，使選手有更好的表現。

（二）設立運科服務站

　　2017 年世界大學運動會代表隊選手大部分皆於國家運動訓練中心進行培訓，運動科學處於各隊進駐中心期間，皆安排有隨隊運動防護員/物理治療師及運科人員，提供完善的醫療照護、體能訓練、生理評估、疲勞監控、訓練監控、營養補充、訓練恢復、動作分析、情蒐及運動心理諮商等相關運科支援服務。2017世大運在台北舉辦，國訓中心爲讓代表隊教練、選手能眞眞實實地有「在家比賽」的感覺，盡可能地發揮主場優勢，將平時的運

科支援及運醫防護落實於競賽場上，於是自 2017 年 3 月起即開始籌畫「世大運服務站計畫」，於跆拳道、滑輪溜冰及舉重項目之競賽場地設置服務站，提供相關運科服務。

圖 1-5　世大運期間，國訓中心於比賽場地設立運科服務站

（三）賽會期間運科隨隊支援

　　除了有 8 位中心運動防護人員直接納入代表團名單外，國訓中心更全力動員約 30 位運科人員、運動防護員及物理治療師，於比賽期間北上隨隊支援。

運動科學介紹

五、運科人員與教練及選手的互動

　　運科人員應該如何與教練及選手之間產生良好的互動與信任關係呢？以下是筆者歷年來參與運科實務的經驗分享。

　　（一）目標：奪牌

　　無庸置疑地，運科人員與教練及選手的目標是一致的，就是要奪（金）牌。因此，無論是對選手進行技術分析或各種檢測，其目的都是要提昇選手的運動表現，特別是如何讓選手在比賽時能達到巔峰的狀態。

　　（二）態度：尊重專業、互相學習

　　運科人員應尊重教練及選手的專業，教練及選手也應尊重運科人員的專業。若是彼此能互相虛心學習，則更能加深彼此良好的互動關係。運科人員與教練的關係，很類似醫檢人員和醫生的關係，醫生經由病人檢驗的結果來進行診斷，並開立處方；同樣運科人員回饋各樣檢測結果給教練，由教練來評估選手的概況，並修正訓練課程，使選手的表現提升。運科人員不能取代教練的角色，這就好像醫檢人員是不能直接下診斷並開處方給病人。

（三）運科介入方式

1. 全程參與：若是運科人員能全程參與選手的訓練與比賽，則更能了解選手的完整狀況，且能獲得教練及選手的信任。信任關係是非常重要的，教練及選手與運科人員若沒有信任關係，就可能會各做各的，或者只是應付了事。

2. 即時回饋：所有的檢測結果盡可能立即回饋給教練及選手，至於更深入的資料分析，最慢也應在一週內將結果回饋。回饋方式也應避免僅呈現整體結果的圖表，或統計分析結果，應該就選手個人結果以圖顯示，並以簡單的文字描述對該名選手的評論或建議，最好能將結果與教練及選手討論。

3. 長期追蹤：選手的動作模式在某些條件下並非相當穩定，或是會因訓練成效而發生改變，因此單一次的分析結果並無法給與選手實質的幫助，應該對選手進行多次、長時間的追蹤分析。因此檢測流程，甚至結果的分析與呈現都應該標準化，如此長期追蹤的結果才能做比較分析。

4. 定期討論：長期的追蹤結果應加以整理比較，並進行深入的分析，再與教練及選手作定期討論，並且應針對特定重點選手，定期進行跨領域的整合與討論。

重點複習

1. 運動科學的次領域包含哪些？針對競技運動，其探討研究的課題有哪些？

2. 那些競技運動是屬於封閉式技能的運動？這些項目的選手，最需要哪方面運動科學的支援？

3. 哪些人會需要運動科學的知識？

4. 過去歷屆亞奧運運科小組是如何組成的？其如何與國訓中心運科處搭配，爲選手提供科學支援？

5. 國訓中心運科處在 2017 年世大運，採用那些策略協助中華隊奪得佳績？

6. 運科人員應如何與教練及選手建立良好的互動關係？

運動生物力學理論與應用－靜力學（Statics）

壹、前言

　　在正式介紹田徑場上或球類運動的科學知識之前，我們要先來介紹運動生物力學（Sport Biomechanics）的基本理論。運動生物力學是一門將力學應用於與運動有關之人體結構、動作及相關器材、環境之科學。本書主要在探討跟運動有關的力學，而運動又包含競技運動與休閒運動，各種運動所探討的力學原理或是觀念也都不盡相同，而涵蓋所有有關人體運動的生物力學範圍，我們就將它稱之為「運動生物力學」。

　　接下來，我們就開始介紹運動生物力學的基本理論，即使可能從來沒有學過力學的人，也能夠透過本章來學習一些簡單的力學基礎理論；或者你可能已經對力學原理相當了解，但卻不知道要如何應用在競技運動上。

運動科學介紹

貳、靜力學

　　力學可分為靜力學與動力學，涵蓋的範圍都很大，底下靜力學部分，我們將介紹平衡、槓桿原理、質量中心以及摩擦力等。

一、平衡（equilibrium）

　　當一個系統所受的外力合力（ΣF）為零且合力矩（ΣM）為零時，即達到力平衡之狀態。平衡依其穩定性，又可分為穩定平衡、不穩定平衡與隨遇平衡，以運動的技術層面來看，主要關注的是穩定平衡與不穩定平衡。如圖 2-1，當一顆球被放在一個凹槽的最底部，此時球是靜止不動，也就是處在平衡狀態，當我們將球稍微推離其平衡的位置，球會因重力作用在凹槽底部來回滾動 球滾動的過程還可能受甚麼力呢？，但很快就又回到原來的平衡狀態，我們將這樣的平衡稱之為「穩定平衡」。物體在穩定平衡下，即使平衡狀態受到微小干擾，還是會很容易回到原來的平衡狀態。而當這顆球被放在某一個最高點的地方，此時球也是靜止不動處在平衡狀態，但是當我們將球稍微推離其平衡的位置時，球就會很快滾到較低的位置，或者說是去滿足另外一個平衡

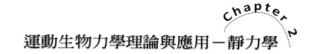

狀態，我們就將這樣的平衡稱之為「不穩定平衡」，物體在不穩定平衡下，稍微受到外在的干擾就很容易失去原有的平衡，當然愈不穩定的平衡就愈容易失去平衡。請讀者們想想看，在運動表現中是穩定平衡比較好，還是不穩定的平衡比較好呢？

圖 2-1　左圖的平衡狀態是穩定的；右圖的平衡狀態是不穩定的。

在回答這個問題之前，先來探討影響平衡穩定性的因素，這些因素包含支撐面大小、重心高度、重心投影在支撐面的相對位置、支撐面在受力方向的長度以及轉動慣量等。支撐面（base of support）是一個影響平衡穩定性的重要因素，我們可以在圖 2-2 中發現許多種不同站姿所形成的支撐面，其中有的是透過兩隻腳站立形成的支撐面，有的是利用單腳站立，或者加上雙手支撐等。當一個物體的重心投影超出了支撐面，由於重力的作用，這個物體就會失去平衡，而產生移動或是翻倒，因此支撐面愈大，相對之下會比較穩定不容易翻倒；支撐面愈小，重心投影愈容易

運動科學介紹

離開支撐面，平衡就愈不穩定。圖 2-2 中各個支撐面，就以雙腳加雙手的支撐面最大，穩定性最高，而單腳站立，支撐面最小，平衡最不穩定。因此要維持單腳平衡，要求的技術層面就比較高。

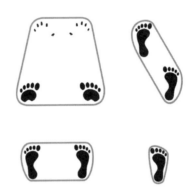

圖 2-2　許多種不同站姿所形成的支撐面。雙腳加雙手的支撐面最大，穩定性最高；而單腳站立，支撐面最小，最不穩定。

YouTube keywords：balance beam olympics、平衡木。

■ Shawn Johnson 2008 Olympics Balance Beam Event Finals.精彩完美的平衡木動作！

■ 奧運金牌選手大匯演（平衡木-李姍姍）：在這個影片我們可以看

到，選手在經過訓練後，在寬度只有 10 公分的平衡木[1]上，靠著自己絕佳的技術及平衡力，也可以表演地如履平地一般。

但是平衡愈穩定就愈好嗎？我們來看圖 2-3 的武術動作，兩個動作的上半身一樣都是做「格擋」防守的動作，但下半身動作一個是蹲馬步，支撐面較大；另一個是採用金雞獨立的站姿，支撐面較小。支撐面較大的情況之下平衡較穩定，但相對較不容易移動，機動性不如單腳站立，單腳站立時，另外一隻腳還有空間可以做出攻擊的動作。就這兩個動作而言，穩定平衡的馬步動作是屬於防守的姿勢，而機動性高的金雞獨立動作是屬於攻擊的姿勢。

圖 2-3　這兩個動作的上半身姿勢是相同的，但左圖下半身的支撐面較大，是屬於防守的動作；右圖下半身的支撐面較小，是屬於預備攻擊的動作。

運動科學介紹

　　身體的重心位置也會影響平衡的穩定性，重心愈高或是重心投影愈靠近支撐面邊緣，重心就愈容易離開支撐面，因此是較不穩定的平衡。以圖 2-4 的 a,b,c 三種動作來看，a 的身體重心位置比較高，而 b 的身體重心比 a 來的低，相對於 a 來說，動作 b 的身體重心比較不容易離開支撐面 為什麼呢？ ，所以是一種比較穩定的平衡；而最不穩定的要算是 c 的姿勢，此時重心的投影位置剛好在支撐面邊緣，若要向圖的左側移動是較容易的（但相對地，要向圖的右側移動就會比較困難）。

(a)　　　　　　　　　(b)　　　　　　　　　(c)

圖 2-4　身體重心的位置也會影響平衡的穩定性，重心愈高(a)，或重心投影愈靠近支撐面邊緣(c)，平衡就愈不穩定，但相對機動性就愈高。

運動生物力學理論與應用－靜力學

　　運動中像是網球的接發球，以及棒球內野手防守時的預備動作，常會做出左右連續搖擺的動作，因為這些運動員需要在看到目標物之後，迅速的做出反應並且移動，而連續搖擺的動作就是為了隨時把重心維持在支撐面邊緣，以便隨時破壞平衡，迅速產生移動。而接發球時，在對方發出球後，球員身體重心會拉高，也是為了讓身體能夠更快速的移動。所以，保持不穩定的平衡在某些動作技術上是相當重要的。當然，重心的投影如果剛好在支撐面的左邊邊緣，則要讓身體向右移動，就會相對需要較長時間，想看看這可以應用在甚麼運動技術或策略上？

YouTube keywords：戴資穎的假動作

推薦影片

■ 小戴會利用一些小技巧來使對手對於他所擊出的球將行進的路線判斷錯誤，使對手重心轉移至其預期之位置，但球卻是往另一方向前進，導致對手來不及轉移重心做回擊。

　　影響平衡穩定性的因素，除了提到的支撐面大小外，支撐面在受力方向的長度也會影響。例如在蹲馬步或是弓箭步時，支撐面會在不同的方向變長，若是我們讓受力方向的支撐面長度增

加，那麼重心將更難超過支撐面，自然也不容易被推倒或是跌倒囉！比如蹲馬步的動作，在左右方向形成較長的支撐面，因此主要在對付由左右方向來的外力攻擊，而弓箭步在前後方向形成較長的支撐面，適合對付前方對手的攻擊（圖 2-5）。轉動慣量也會影響平衡的穩定性，轉動慣量愈大穩定性就愈高，關於轉動慣量的概念在動力學的部分會再做介紹。

圖 2-5　武術的蹲馬步與弓箭步。蹲馬步在左右方向形成較長的支撐面，弓箭步在前後方向形成較長的支撐面。

　　其他有關於平衡原理的運動實例，像一百公尺起跑，就是一種破壞平衡之後再快速達到平衡的現象，當我們維持起跑預備姿勢時，雙腳和雙手形成一個支撐面，當槍聲響起而手離開地面後，僅剩下在起跑架上的雙腳所形成的支撐面，此時重心投影

在支撐面外，身體是處於失去平衡的狀態（圖 2-6），如果不快速往前跨步形成另一個支撐面的話，就會跌倒。而當我們後腳往前跨出著地之後，形成另一個支撐面，身體很快又回到了平衡狀態，接著就經由雙腿不斷的著地，維持週期性的破壞平衡、達到平衡的運動狀態。

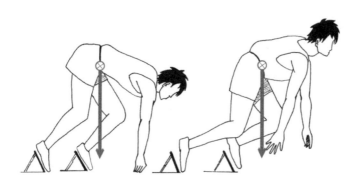

圖 2-6　一百公尺起跑，就是一種破壞平衡之後再快速達到平衡的現象。

　　許多競技運動也都有維持平衡與破壞平衡的現象存在，例如柔道就是增加自身的平衡與穩定性，並且破壞對手的平衡狀態，例如要將對手過肩摔時，對手會用力向後抵抗，此時若順勢向後推，就很容易將對方推倒。另外，需要非常專注並且集中精神的射擊與射箭，則是需要維持更加穩定的狀態，比如說優秀的射擊

運動科學介紹

或是射箭選手，觀察他們在準備期、瞄準箭靶到出手之前的身體重心變化，發現在放箭或擊發瞬間，身體重心的移動速度會較一般選手慢，也就是說優秀選手在放箭或擊發瞬間，有極佳的動作穩定性。

二、槓桿原理（lever）

若一個系統含有支點、施力和抗力，此系統就可形成一個槓桿，而槓桿原理事實上就是靜力平衡，也就是施力×施力臂＝抗力×抗力臂。槓桿依支點、抗力點與施力點的相對位置又可分為第一類槓桿、第二類槓桿及第三類槓桿。第一類槓桿就是支點在施力點和抗力點之間，第二類槓桿就是抗力點在支點和施力點之間，而第三類槓桿就是施力點在支點和抗力點之間（圖 2-7）。第二類槓桿由於施力臂大於抗力臂，因此施力小於抗力，所以屬於省力的機制，但相對地抗力點的位移（或速度）會小於施力點 為什麼呢？ ，所以第二類槓桿也是一種較費時的機制；第三類槓桿和第二類槓桿剛好相反，所以它是屬於費力但省時的機制，或者說抗力點可以有比較快的速度；第一類槓桿有可能省力費時或是費力省時，取決於施力、抗力和支點之間的距離。

圖 2-7　槓桿依支點、抗力點與施力點的相對位置又可分為第一類槓桿
　　　　（左）、第二類槓桿（中）及第三類槓桿（右）。

　　在人體中的實際例子，像是頸椎關節就是屬於第一類槓桿
（圖 2-8-1），關節支點在頭部重心和頸部肌群之間，常人的頭
部重量大概佔人體總重量的 7%，約有 3 到 5 公斤左右，當站或
坐時，頭部重心常常是在關節支點的前面，因此人體就必須利用
頸椎上的肌肉來拉住頭部，避免頭部因重力產生轉動，而且肌肉
與支點的施力臂相較於抗力臂是很小的，因此肌肉常必須給予相
當於頭重的好幾倍力量才能維持頭部的平衡，這也是為什麼到了
傍晚時，我們頸部肌肉常會有痠痛的感覺，所以最好的紓解方式
就是躺下休息，或是縮下顎讓頭部重心靠近關節支點。踝關節蹠
屈，也就是墊腳尖的動作，此時腳尖為支點，小腿後方肌群向上
施力提起腳跟，而身體重心投影在中間，這是屬於抗力點在支點
和施力點之間的第二類槓桿，因此是省力的槓桿（圖 2-8-2）。
肘關節彎曲動作將手中重物提起，支點在肘關節，肱二頭肌施力
向上，抗力點在遠端手部，這是屬於施力點在支點和抗力點之

間的第三類槓桿，因此是省時的槓桿，或是產生速度的槓桿（圖 2-8-3）。

圖 2-8　(1)頸椎關節是屬於第一類槓桿；(2)踝關節是屬於第二類槓桿；(3)肘關節是屬於第三類槓桿。

　　了解槓桿原理之後，我們來看一些比較實際的運動競賽實例。圖 2-9 是各種不同的提鈴動作，哪一種是最佳的提鈴動作呢？其實這個問題也可以應用在平時的日常生活中，我們搬重物的時候常常直接彎腰就將重物抬起來，其實這是比較費力的動作。因為施力的部分是在背部的肌群，支點則在髖關節附近，直接彎腰（臀位較高）形成較大的抗力臂，如此背部肌群將須使用較大的力量，如果物體很重則可能會因肌肉過度用力而受傷，也可能因此使腰椎產生壓迫性的傷害。若是我們蹲下去（臀位較低）再將重物搬起，此時重物較靠近身體，縮短抗力臂，這樣

是比較省力的，因此不論是抬重物或是舉重，臀部位置要盡可能低，這樣的動作才會比較省力。另外，槓鈴當然是越接近人體越好，遠離人體的話抗力臂增加，會需要更大的力量才有辦法舉起槓鈴。所以最佳的舉重提鈴動作，應是採用低臀位的姿勢，提鈴過程並盡可能讓槓鈴靠進身體。

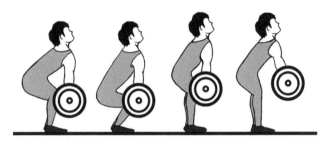

圖 2-9　最佳舉重提鈴動作，臀位要低且槓鈴要盡可能靠近身體。這是屬於第幾類槓桿？

YouTube keywords: snatch weightlifting、clean and jerk weightlifting.、郭婞淳

推薦影片

■ Snatch/Olympic Weightlifting and crossfit。從影片中我們可以看到選手抓舉是以低臀位動作提鈴，且在提鈴過程中會盡量使槓鈴靠近身體。

運動科學介紹

接下來要介紹輪軸系統，輪軸系統也是槓桿的一種是屬於哪一類槓桿呢？。所謂輪軸系統是由兩個一大一小的圓柱連接而成，這兩個圓柱有相同的圓心，因此當小圓轉一圈時，大圓也會跟著轉一圈。輪軸系統的功用就在於大圓小圓會同時轉一圈的條件下，大圓上點的線速度會是小圓點上的好幾倍，此倍數端看兩圓半徑大小的倍數，比如大圓是小圓半徑的 3 倍，則大圓上點的速度會是小圓上的 3 倍。球類運動中揮拍動作也是一種輪軸系統的應用，手握球拍時小手臂可以視為輪軸系統中半徑較小的軸，而球拍可視為半徑較大的輪。當我們握拍平放的時候，拍子和手的夾角接近 180 度，拍子所形成的輪半徑最小，此時若轉動小手臂，拍子擊球點的速度較小；當球拍與手臂呈 145 度角時，此時拍子所形成的輪半徑變大，此時若轉動小手臂，球拍擊球點便會有較大的速度（圖 2-10）。

由圖 2-10 可以發現，如果球拍與手臂夾角為 90 度時，球拍所形成輪的半徑最大，轉動小手臂會產生最大的球拍速度。優秀羽球選手在殺球時，球與球拍碰觸的瞬間，小手臂和球拍的角度（又稱為 racket angle）大概是 147 度左右（圖 2-11），此時手臂快速轉動（也就是內旋 pronation[2]的動作），就可帶動球拍產

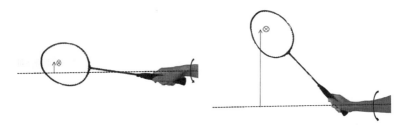

圖 2-10　當球拍桿身與小手臂夾角接近 180 度時（左圖），旋轉小手臂（軸）只能帶動球拍（輪）些微的轉動。當球拍桿身與小手臂夾角約 145 度時（右圖），此時旋轉小手臂（軸）就能帶動球拍（輪）產生較大的速度。

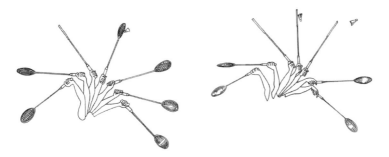

圖 2-11　優秀羽球運動員的殺球動作，由擊球瞬間前後各一張動作，可以發現擊球瞬間小手臂是做 pronation（內旋）的動作，對右手持拍者而言，收拍後拍面是朝右（左圖）；但初學者殺球時，由擊球瞬間前後各一張動作，可以發現擊球瞬間扣腕的動作，收拍後拍面是朝下。

運動科學介紹

生較快的速度碰觸球  。因此，大家不妨試試跟著 YouTube 上影片的示範動作去操作，相信你很快就能掌握殺球的技巧。其實，網球的發球也是一樣的喔！擊球瞬間小手臂的內旋動作，才能帶動球拍產生較快的擊球速度。

YouTube keywords: pronation and badminton, tennis serve slow motion.

- Badminton Pronation Technique - How to Smash and Clear by Jimmy Lin
- Badminton Supernation/pronation。注意示範球員在擊球瞬間，球拍與小手臂的夾角。
- Federer serve- slow motion.

三、質量中心（center of mass）

接下來介紹質量中心（簡稱質心），在地球上質心又可以稱作重心，各個物體都有質量中心，質量中心顧名思義就是可以代表所有質量的中心點，這只是一個假想的點，如果建立在這個環境的重力場是均勻的，那麼這個物體的質心與重心就會是在同樣

的一個點上面，所以我們只要找出這個物體的重心，我們也就得到質心的位置了。由計算質心的數學公式[2]，不難看出就是用平均數的算法去計算質心（底下我們就稱之爲重心）。

物體中較重的地方，重心就會比較接近該處，這是因爲所占重量比例比較大。以平均數的觀點來看，平均數會接近占比例較多的數，舉例來說，1, 1, 1, 1, 5 的平均數是 1.8，靠近 1；而 1, 5, 5, 5, 5 的平均數是 4.2，靠近 5。以人體爲例來看人體的重心，常人站立的時候，重心大約位於薦椎的位置，差不多是在背後腰部的位置，但是會因爲動作的不同而重心位置跟著改變，比如雙手高舉的時候，重心自然就因爲雙手的質量往上移動而跟著往上移動，彎腰的時候會因爲上半身重量向下移動而重心也跟著向下移動。

當人體向上跳躍的時候，只要是用同樣的力量跳起離開地面，身體重心就會到達同樣的高度，因爲跳離地面後僅受到重力作用，且受到重力作用是不變的，因此不管在空中做甚麼動作，重心的軌跡是不會改變的，當然重心的最高點也是不變的。看看圖 2-12 的這些動作，當跳躍離開地面後雙手舉高和單手舉高，哪一個動作手碰觸到的高度會比較高呢？前面提到用同樣力量跳起來的時候，不論在空中做單手或是雙手高舉，重心是會位於同

運動科學介紹

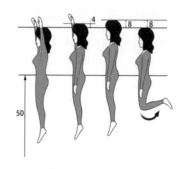

圖 2-12　人體跳躍離開地面後，雙手舉高、單手舉高或是做勾腿的動作，身體重心到達的最高點是不會變的。但仔細觀察一下，那些參數改變了呢？

樣的高度，而舉單手時因為另一隻手質量往下，若重心的高度不變，舉起的手高度就會往上。以平均數的概念來說明，60 和 40 的平均為 50，如果較低的 40 降至 30，較高的 60 就會升高到 70，如此平均數才能依舊是維持在 50。舉單手時，另一隻手（較低的數）必須向下壓（數字降低），才能使舉起的單手（較高的數）向上的高度提昇。所以讀者可以觀察一下，打籃球搶籃板時是用單手還是雙手？而灌籃時，單手容易還是雙手容易？足球守門員如果要撲下離自己較遠的射門球時，會使用單手還是雙手？

　　另外可以看到當跳躍離開地面在空中作小腿後勾的動作時，頭部的最高點會降低（注意看，重心的高度還是不變喔！），當

然可以依此推想，如果此時將手舉起，手的高度也必然會降低。所以灌籃動作，在將球灌入籃框中時，球員的身體一定是完全伸展的，如果是單手灌籃，那另一支手一定會向下壓，使手的高度能夠提昇；同樣地，棒球內野手要接越過自己頭部上方的平飛球時，一定是採用單手（拿手套的那一支手）且跳起接球身體必定是完全伸展。那為什麼排球攔網時要用雙手？排球攔網雖然高度也很重要，但是雙手攔網是為了增加防守的面積，讓對方有效攻擊的角度縮小，因為攻擊球是往下打的，所以高度只要足夠就可以了，排球比賽中常會看到兩人同時以雙手攔網（圖 2-13），道理就在此。

圖 2-13　排球攔網經常是兩人一組，並且以雙手攔住對方殺球，這主要是因為殺球的方向很廣，單手能夠攔截到的機會較小，面積、力量也不夠，但是雙手就能有效的防禦對面的來球（本相片經周哲平先生同意使用）。

運動科學介紹

YouTubekeywords：Air science hang time。

■ Air science: hang time。影片中所進行的實驗，可以看到起跳灌籃時，身體重心事實上就是一條拋物線，而且上升和下降的時間必定相同，不會因為球員在空中做甚麼動作而受到影響。片中 Jordan 的罰球線起跳灌籃的經典畫面，也可以看到 Jordan 巧妙地運用身體的彎曲與伸展，使我們看起來好像他可以抵抗重力，而在要落下時空中挺腰向上扣籃。

四、摩擦力（friction）

摩擦力可依接觸物體不同而分為黏滯性摩擦（流體與固體）及乾摩擦（固體與固體，又稱為庫倫摩擦），而乾摩擦又可以依接觸物體是否產生相對運動而分為靜摩擦力或動摩擦力。摩擦力其實就是兩個表面之間的平行作用力，摩擦力的大小跟正向力（normal force）以及表面的摩擦係數有關，當一個物體放在地面上的時候，摩擦力大小就跟物體的重量、表面的粗糙程度有關。如果物體因受外力作用而有產生運動的趨勢，但卻仍舊處在靜止狀態之下，此時該物體受到的表面摩擦力就稱之為靜摩擦力，而靜摩擦力的大小就跟物體所受到的該相反方向的力量大小是相等的。

　　剛才所提到的摩擦力都是在靜止的條件下，當物體被足夠的力量推動之後，在移動的過程中並不是不會受到摩擦力，摩擦力也照樣在阻擋著這個物體的運動，而這時的摩擦力就稱之為動摩擦力，動摩擦力不像靜摩擦力一樣，跟推的力量有關，動摩擦力只跟這物體的重量有關，也就是說，不論推動的力量多大，動摩擦力都是一樣大的喔　　　那推力不同，甚麼力學參數會是不一樣的呢？　！

　　運動鞋外底的鞋釘、紋路設計，是為要增加摩擦力所做的設計，而不同的運動鞋，鞋底紋路就會不太一樣，是因為所需要的摩擦力方向不相同所導致的。在競技運動方面，像是球類運動的旋轉球，如由桌球拍施給球的摩擦力讓球轉動，旋轉中的球碰到球拍膠皮會因旋轉方向不同而使球往不同方向反彈（圖2-14）。另外，還有像撞球比賽時，球員在觀察球台上的球型，一邊考慮作球，一邊就會以巧克去摩擦球桿最前端的皮頭，使皮頭的摩擦力增加，避免以皮頭碰撞球時，因為摩擦力較小產生滑桿；舉重選手或是體操選手在上場前雙手會塗抹石灰粉，也是為了要增加手與鐵槓之間的摩擦力。

運動科學介紹

圖 2-14　左圖旋轉的球落下與球拍接觸後，因摩擦力作用球會往右側反彈。右圖旋轉的球落下與球拍接觸後，則會因摩擦力作用會往左側反彈。要記住摩擦力方向和運動趨勢的方向是相反的。

附　註

1. 一般比賽用的平衡木高 1.25 公尺，長 5 公尺，寬度僅 10 公分。最一開始，平衡木的表面是塗上光滑油漆的木頭，自從 1980 年代後，平衡木表面開始包裹皮革。而現在，平衡木更裝有彈簧來緩解高難度的空翻和舞蹈技巧所產生的衝擊力。

2. 關於手臂內旋動作（pronation）及其他人體肢段關節運動的定義，請參考 YouTube 影片：Anatomical terms of movement.

3. 物體質心的計算公式如下

$$x_{cm}=\frac{\int x_i dm_i}{\int dm_i} \quad y_{cm}=\frac{\int y_i dm_i}{\int dm_i}$$

公式中，分子為物體上任一質點的質量大小乘以其所在位置，再做積分（就是總和）；分母為所有質量的總和。這裡不難發現，質心位置的計算可以看成是在計算平均數，其中質點質量代表的是次數，x,y 位置座標代表的就是數值。由數值與次數分配計算總和，再除以總次數，就得到平均數。

重點複習

1. 對於競技運動員而言，學習運動生物力學有哪兩個主要的目的？

2. 影響平衡穩定性的因素有那些？對競技運動表現而言，平衡是愈穩定愈好，還是愈不穩定愈好？

3. 槓桿分為哪三類？並以競技運動表現舉例說明這三類槓桿的特性。

4. 為何優秀羽球運動員在殺球時，小手臂會做內旋（pronation）的動作？這是應用到那一個力學原理？

5. 同一個人跳起騰空後，單手舉高還是雙手舉高時，手能碰觸的高度比較高？為什麼？並以競技運動表現舉例說明。

6. 試以競技運動為例，說明摩擦力如何影響運動表現？

運動生物力學理論與應用－動力學（Dynamics）

壹、前言

　　動力學與靜力學問題的區別在哪裡呢？答案就是時間，當要分析的問題牽涉到時間的因素時，就必須使用動力學的理論，若要解決的問題可以不用考慮時間或是時間的影響可以忽略，那就可以使用靜力學的理論來分析。動力學又可分為運動學（kinematics）和動因學（kinetics），也有人將 kinetics 翻譯成力動學，而運動學和動因學的差別在於運動學是在物體運動現象的描述以及分析，不去探討造成運動的原因，或者說是物體所受到的外力；而動因學則主要在探討造成運動現象的原因，也就是探討外力與物體運動狀態的關係。

運動科學介紹

貳、運動學（kinematics）

一、相對運動（relative motion）

　　相對運動顧名思義就是兩者之間的相對移動行為，可以是兩個系統或兩個不同的物體。相對速度如何應用在田徑場上呢？在接力賽的時候，如果前後跑者間的相對速度為零，就是接棒的最佳時機，這個時候交棒和接棒的人速度是相同的。如果相對速度不是零，如接棒的人速度比交棒的人快，交棒的人就會因為速度趕不上而無法將棒子交出，這在國際比賽中是常見的現象，有的還因為這樣造成掉棒，嚴重影響成績；反過來如果交棒的人速度比接棒的人快，接棒時兩個人就會擠在一起，棒子交接後棒子的速度也會跟著減慢，這在學校運動會的大隊接力中經常見到，接棒人的人是靜止不動的，等到接到棒子時才開始起跑，想像一下交接過程，棒子的速度會由很快的速度突然降到 0，如果同樣進入接力區，非常完美的交接棒可能就可以將距離拉開或追上。

二、拋體運動（motion of a projectile）

　　拋體運動，是一種僅受到重力影響的運動方式，一般會將拋體運動分解成水平和垂直方向來看，物體被拋出或投射出去之

運動生物力學理論與應用－動力學

後，水平方向的加速度為 0（不考慮空氣阻力），而垂直方向的
加速度則是重力加速度 g（大約是 $9.81m/s^2$），從拋出到落地的
過程，水平方向的運動為等速度運動，也就是水平方向速度始終
相同，而物體水平方向的位移即為水平速度乘以空中飛行的時
間。垂直方向由於僅受到重力作用，因此是做等加速度運動，所
以垂直方向的運動就可以使用等加速度運動的 3 個公式來分析

 還記得是哪 3 個公式嗎？ 。

　　當物體以相同的初速度拋出時，拋射角度若小於 45 度，水
平速度會大於垂直速度，角度愈小水平速度就會愈大，而垂直速
度就會愈小；相反的，拋射角度大於 45 度時，垂直速度就會大
於水平速度，角度愈大垂直速度就愈大，而水平速度就愈小。由
於垂直方向受重力作用，因此垂直方向的初速度會直接影響物體
在空中停留的時間，如果垂直初速度向上，向下的重力就必須作
用一段時間才能讓垂直的速度由向上轉為向下；當然，向上的垂
直速度愈大，就要花費越多的時間將垂直速度轉向，因此垂直初
速度若是向上而且愈大，則物體在空中停留的時間就會愈長。物
體水平位移是水平速度乘以在空中停留的時間，而空中停留的時
間又與垂直初速度有關，所以拋體在初速度不變的情形下，不同

的拋射角度就會產生不同的水平位移。

　　這樣說好了，相同初速度的條件下，如果拋射角較小，水平速度大但垂直速度小，拋射距離不會是最遠；如果拋射角較大，垂直速度大，空中停留時間久，但水平速度小，拋射距離也不會是最遠。如此看來當拋射角度在 45 度時，物體似乎會有最遠的水平射程，事實上利用公式也不難推導出這樣的結果。但是理論歸理論，45 度角能夠有飛行最遠距離的理論卻不一定能運用在現實生活中，因為現實生活中會有各種影響因素，例如空氣阻力，不同方向的風都會影響飛行方向與距離，而我們將球丟出的時候，我們要施力抵抗球的重量，角度 45 度的時候，我們需要抵抗的力量變大，初速度反而不會比較大，另外拋射點與落地點若不在同一個高度，最佳拋射角度也不會是 45 度

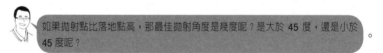

如果拋射點比落地點高，那最佳拋射角度是幾度呢？是大於 45 度，還是小於 45 度呢？

　　拋體運動常出現在各項球類運動當中，只要球是在空中飛行，而且空氣阻力可以忽略不計，此時球在空中的運動軌跡就是一條拋物線。拋體運動可以分為上升期、最高點和下降期（圖 3-1），圖中可以觀察到物體在飛行過程水平方向的速度是不會變的，而垂直方向的速度在上升期是方向向上，且速度愈來愈小，

在最高點時垂直速度為零 為甚麼呢？那最高點的加速度也是零嗎？ ，

接著進入下降期，垂直速度向下，且速度愈來愈快。瞭解到拋體
運動的特性，可以幫助我們如何掌握球在空中飛行的軌跡，並做
出正確的判斷。

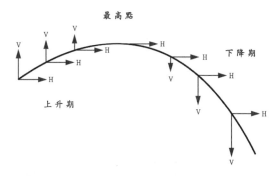

圖 3-1 拋體運動可以分為上升期、最高點和下降期。物體在飛行過程水
　　　 平方向的速度是不會變的，而垂直方向的速度在上升期是方向向
　　　 上，且速度愈來愈小，在最高點時垂直速度為零，接著進入下降
　　　 期，垂直速度向下，且速度愈來愈快。

以棒壘球的高飛球為例，曾經打過慢速壘球的人都有這樣的
經驗，當打擊者擊出高飛球時，常看到守備的人一直往後退，但
最後球還是落在身體的後方，有時候還會看到守備的人因為邊後
退邊準備接球而跌倒。當然，有經驗的棒壘球選手是不會出現這

種情況的，特別是 MLB 的外野手，都能很精確地跑到定位將球接入手套。那一般的守備球員爲何無法準確掌握到球的落點呢？原因可能是錯估了球飛行的高度與距離。雖然在平常的時候，球員都會有接高飛球的練習，但比賽時打擊出來的高飛球高度通常比練習時球的高度還高，當球在上升期到飛行到最高點時，守備球員就會依練習時的經驗評估球的落點，但球的高度若無法準確評估，比如比賽時打出去的球高度較高，此時球下降的時間就會比較久，水平的速度就會造成球有較大的水平位移，因此對球的高度誤判愈大，對落球點的判斷就會愈失準，也就是球會愈往後跑。所以如果要接得是一顆比較高的內野高飛球，教練都會提醒野手要往後多退 1 到 2 步，守內野習慣的人突然去守外野，也常會對飛得很高的高飛球判斷錯誤而造成失誤。職棒內野手面對非常高的內野高飛球，爲何可以這麼準確的預測到位置，當然這跟他們有非常豐富的比賽經驗有關，但偶而還是會看到某些內野手在球落下後，才匆忙移動位置去接球。

　　排球的二傳手，也就是舉球員，對於球的拋物線軌跡也必須相當敏銳。當接發球球員將球接到網前，舉球員必須依據球的飛行軌跡迅速處理這顆球，必要時必須盡快跳起來將球舉高（圖 3-2），在比較容易舉球的位置先接觸到球，避免球先碰到

網子，這對於來球的飛行軌跡就要有足夠的經驗與了解，才能舉
出好的球給攻擊手殺球，或是製造快攻，讓對手攔網措手不及。
當然，攻擊手或是攔網的球員對球的飛行軌跡也必須很敏銳，掌
握到正確的起跳時機，才能有效攻擊或攔網成功。而像桌球的回
擊球，也會因不同的情況選擇在上升期、最高點或下降期擊球或
摩擦球。

圖 3-2　二傳跳舉可以在比較容易舉球的位置先接觸到球，避免球先碰到
　　　　網子，這對於來球的飛行軌跡就要有足夠的經驗與了解，才能舉
　　　　出好的球，更有利於攻擊手殺球，或是製造快攻讓對方前排來不
　　　　及攔網（本相片由周哲平先生同意使用）。

三、圓周運動（circular motion）

　　圓周運動是一種繞圓旋轉的運動，運動場上常見的如擲鏈
球、跆拳道旋踢、彎道跑等都是屬於圓周運動。

運動科學介紹

　　圓周運動又是如何運行的呢？圓周運動的物體會有一個切線速度，切線方向速度 v 與旋轉半徑 r 及轉速 ω 有關（v = r×ω），轉速相同，旋轉半徑愈大切線速度就愈大。圓周運動的物體會有兩個加速度，第一個是沿著切線方向的切線加速度，第二個則是永遠指向中心點的向心加速度（或稱為法線加速度），這兩種加速度又有著不同的效應產生，首先切線加速度是可以讓圓周運動的速度產生改變，圓周運動的物體有可能會愈來愈快，或是愈轉愈慢，而要注意的是，切線加速度永遠只會指向切線的方向，只跟物體的速度大小改變有關；向心加速度，則是控制物體改變方向的加速度，當一個物體做直線運動，受到向心加速度時，物體就會轉彎；如果一個物體受到的向心加速度永遠都一樣，並且指向某一個點時，這個物體就會做圓周運動了。向心加速度與物體的切線速度 v 及運動軌跡的曲率半徑 r 有關，即 $a_n = \dfrac{v^2}{r}$，所謂曲率半徑指的就是轉彎的程度，曲率半徑愈大，表示轉彎的程度愈小，若是直線運動曲率半徑就是無限大，這個時候物體受到的向心加速度是 0 　為什麼呢？，所以運動方向不會改變。由向心加速度的公式可以發現，當曲率半徑愈小，也就是轉彎程度愈大，所需的向心加速度就要愈大，如果提供的向心加

速度不夠，物體就無法沿著轉彎的軌跡跑 那會怎麼跑呢？；當切線速度愈快時，所需的向心加速也要愈大。

　　在運動場上，很多運動是講求速度和距離的，例如鐵餅、鏈球，這兩種田賽的擲部運動，都是要求選手在可能並且無違反規定的的情況下，於有限的空間內（大約是 2～2.5 公尺的圓內）想盡辦法把鐵餅或鏈球以高速擲出。在有限的空間之內，要得到最大的速度，往往就必須要依靠圓周運動使加速的距離拉長，然後在適當時機與位置上將拋擲物體擲出。除了鏈球、鐵餅利用旋轉加速拋出之外，近年在國際賽已可看到頂尖的鉛球選手採用旋轉後擲出的技術，取代傳統反身推出的動作。而像是跆拳道，也是在近身距離內利用旋轉的加速作用獲得更大的力量，如果以旋踢達到有效攻擊，通常可以拿到較高的分數。

YouTube keywords：shot put Olympics.

■Men's Shot Put Final / Tokyo 2021 | Top3 Throws.頂尖的鉛球選手，皆採用旋轉後擲出的技術。

運動科學介紹

參、動因學（kinetics）

在本節，將介紹牛頓運動定律、衝量動量原理、功能原理與碰撞，諸如此類的定律與原理，都充斥在各項競技運動中。

一、牛頓運動定律（Newton's law of motion）

（一）第一運動定律

首先我們要介紹的是牛頓運動定律之中的第一定律，也叫做慣性定律。慣性定律可以用一句話來形容，那就是「靜者恆靜、動者恆做等速度運動」，靜止物體受到外力合等於 0，則還是維持在靜止狀態；而正在移動的物體，若受到外力合為 0，該物體則永遠不會改變其運動速度，速度當然就包含大小和方向，所以此時物體會做等速直線運動。慣性定律，和「慣性質量」（inertial mass）的物理量有關，也就是說如果一個物體的慣性質量愈大，那麼那個物體的慣性也就愈大，慣性愈大當然維持原來運動狀態的能力就愈大。想像一下一個很重的物體，當它靜止時你是很難推動它，而當它移動的時候你就同樣很難讓它停下。

在運動場上也需要考慮慣性質量的存在，在不同的運動中，運動員的體型特徵就和慣性有關，體重大的選手慣性質量就大，

運動生物力學理論與應用－動力學

體重小的慣性質量就小，我們可以看到許多競技運動的實例，例如羽球運動員普遍體重都較輕，因為羽球運動必須快速移動、急停及變化方向，慣性質量較大的運動員就必須耗費更多體力在改變運動狀態。相對的，有些運動選手在體型方面就很壯實，需要較大的慣性質量來強化自己的優勢，例如相撲選手，另外還有像美式足球的線衛（Linebacker），是負責阻擋對方的衝撞，以保護後方持球的四分衛，因此就需要強壯的身材和碩大的體型；還有像籃球的中鋒，在卡位搶籃板也都需要較大的慣性質量。

剛剛提到的慣性質量主要和線性運動有關，如果是和轉動有關的就牽涉到另一個慣性量，稱為轉動慣量（moment of inertia），或者稱為慣性矩，通常以 I 表示，國際單位制基本單位為 kg · m^2。一個物體在旋轉的時候也是有慣性存在的，轉動慣量在旋轉動力學中的地位，就相當於線性動力學中的質量。

在研究轉動慣量的時候，需要考慮兩大因素，一個是物體本身的質量，另外一個有關於轉動的因素，也就是轉動的半徑，或者說是質量到旋轉軸的距離。如果同樣形狀的物體在做轉動，那麼質量較大的物體轉動慣量就會越大，而同樣重量的物體在旋轉的時候，具有較大旋轉半徑的物體（或者說質量分佈的位置較遠離旋轉軸）就會相對的有較大的轉動慣量，舉例來說我們可以看

到圖 3-3 的兩個動作，一個是全身伸展的旋轉，另一個是身體前屈的旋轉，雖然是同樣一個運動員在做旋轉的動作，而且旋轉軸是一樣的，但是兩個動作的轉動慣量卻不一樣。你能看出來哪一種動作的轉動慣量相對來說比較大嗎？

圖 3-3　這兩個動作旋轉軸是相同的，但左圖由於身體是完全伸展，因此轉動慣量較大；右圖身體是前屈的，因此轉動慣量較小。

轉動慣量既然是代表物體旋轉時的慣性，就不難想像物體的轉動慣量愈大，就愈不容易讓它旋轉，同樣地一旦在轉動中也很難讓它停止轉動。所以以圖 3-3 的兩個動作，前屈的動作是比較容易旋轉，而一旦轉為全身伸展，旋轉就變為較不容易。

（二）第二運動定律

牛頓第二運動定律，又稱為加速度定律。受到外力而產生運動的物體，它所受到的合外力會等於物體質量乘上它的加速度，這就是我們相當熟悉的公式 F= ma，F 代表的是合外力，m 代表的是質量，而 a 則是物體受力之後所產生的加速度。由公式可以發現，物體的加速度與物體所受的合外力成正比，也就當我們出力去持續的推相同的物體讓它移動時，用愈大力物體就會加速愈快；而加速度和物體的質量卻成反比，愈重的物體我們出同樣的力量使它移動，當然加速就會愈慢。舉例來說，你用同樣的力量丟棒球和鉛球，鉛球的重量會使你很難將它加速。

（三）第三運動定律

牛頓第三運動定律又稱為反作用力定律。兩物體間相互作用力，其大小相等、作用線相同、方向相反，但因為作用點不同，也就是作用在不同物體上，所以作用力和反作用力是不會互相抵消的；若其中一力為作用力，另一力則為它的反作用力，兩個力是同時出現，同時消失。

從事運動生物力學研究，常常會使用測力板來量測地面的反作用力，這反作用力是因為人體接觸測力板時，施予測力板的力

運動科學介紹

量所造成，由測力板四個角落的感應器可以計算出這個力量，並以此力量來代表地面作用在人體上的力量（圖 3-4）。

圖 3-4　實驗室內通常會將測力板埋在高架地板中央，並與地板高度一樣，當受試者做不同動作並將腳踩在測力板上時，就能測量出作用在腳上的地面反作用力。左圖是赤腳跑步測量著地時的地面反作用力，右圖是跆拳道攻擊的預備動作，可以藉由測力板測得地面反作用力，並計算出身體重心投影位置。

二、衝量動量原理（principle of impulse and momentum）

　　介紹衝量動量原理之前，我們先來說明一些物理名詞，所謂的衝量（impulse）就是力量乘以作用的時間（F×t），原本的力量就有大小之分，當物體受同樣力量作用但作用時間不同，

那麼產生的衝量就會不一樣；角衝量（angular impulse）代表的是力矩乘上作用的時間（M×t），與衝量相比概念其實是相同的，只是衝量描述的是物體的線性運動，而角衝量是描述物體的角運動，或是旋轉運動（其實就是力和力矩的差別）。另外動量（momentum）代表的是物體質量乘以速度（m×v），既然有速度，就代表動量多半會在運動的情況之下被討論；角動量（angular momentum）當然就是旋轉運動下所帶有的動量，角動量等於轉動慣量乘以物體的轉速（I×ω，其中 I 為轉動慣量，ω 為轉速）。看到這裡應該會發現，其實線性運動和角運動的模式和物理原理基本上是差不多，其物理量也是相對應的（如表 3-1）。

表 3-1　線運動與角運動相對應的力學參數。

線運動			角運動		
參數	代號	單位	參數	代號	單位
力	F	牛頓	力矩	M	牛頓·公尺
質量	m	公斤	轉動慣量	I	公斤·公尺²
速度	v	公尺／秒	角速度	ω	弳度／秒
動量	m×v	公斤·公尺／秒	角動量	I×ω	公斤·公尺²·弳度／秒
衝量	F×t	牛頓·秒	角衝量	M×t	牛頓·公尺·秒

　　所謂的衝量動量原理是由牛頓第二運動定律推演而來，當一個物體動量改變的時候，動量改變的大小就是這個物體所受的衝

運動科學介紹

量大小 這和牛頓第二運動定律有何關係？ ，而應用在角運動就是角動量的變化量等於所受角衝量大小。運動實例上，我們可以看西式划船選手的划槳力量和時間的關係圖（圖 3-5），圖上看到優秀選手最大划槳力量和一般選手並無差別，但是優秀選手可以在比較短的時間內快速達到較高的力量值，或者優秀選手力量曲線所圍成的面積比較大，代表著優秀選手較一般選手能夠在每次划水時做出較大的衝量 為什麼呢？ ，當然船移動的速度就會跟著提升了。

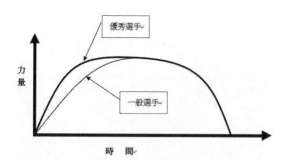

圖 3-5　西式划船選手的划槳力量和時間的關係圖。粗線為優秀選手的力量曲線圖，由圖可以發現優秀選手最大划槳力量和一般選手並無差別，但優秀選手可以在比較短的時間內快速達到較高的力量值。

另外，衝量動量原理也可應用在許多有關於衝擊或是吸震的例子，面對同樣的衝量，動量變化量是一樣的，我們可以從公式中的衝量＝力量×時間來看，同樣的衝量用越久的時間來吸收，那麼相對的受到的力量就會比較小。例如棒球手套，補手手套的增厚是為了要達到吸震效果，藉由作用時間拉長，讓受力變小。另外，像我們從高處往下跳，我們的身體很自然的就會做出屈膝的動作，膝蓋彎曲也是為了要增長與地面碰撞的時間，讓衝擊力量變小。

由衝量動量原理，如果物體所受到的衝量為零，動量就會維持不變，此稱為動量守恆。譬如兩物體的碰撞，碰重過程兩物體受到外力作用的衝量為零，因此碰撞前後兩物體的動量將會維持不變。

三、角動量守恆（conservation of angular momentum）

有衝量動量原理，當然就有角動量衝量原理，也就是角動量（I×ω）的變化量等於所受角衝量（M×t）大小，當物體所受到的角衝量為零時，物體的角動量變化量就會等於零，也就是角動量維持不變，這就是所謂角動量守恆。角動量守恆常見於許多競技運動上的表現上，像是花式溜冰選手在做原地旋轉時手臂往

運動科學介紹

內縮（圖 3-6），由於所受到的角衝量等於零 為什麼？ ，因此角動量守恆，此時身體的質量靠近旋轉軸使轉動慣量變小，在角動量維持相同的情況之下，旋轉的速度就會變快；而在跳起騰空時，為了能在空中完成規定的自轉數，也會盡量將身體肢段靠近身體，減小轉動慣量以增加轉速，在著地前則會將雙手張開、單腳張開抬起，增加轉動慣量以減低轉速，使著地動作更加穩定。

圖 3-6　花式溜冰選手在做原地旋轉時手臂往內縮，此時身體的質量靠近旋轉軸使轉動慣量變小，在角動量維持相同的情況之下，旋轉的速度就會變快；要停下時，就會使身體伸展，增加轉動慣量使轉速變慢。

YouTube keywords：*花式溜冰*，figure skating spin. Yuna Kim

推薦影片

■ scratch spin：*在這個影片中我們可以看到選手開始旋轉後將四肢往身體中心靠近，旋轉速度明顯地比原本快了許多。*

■ YU-NA KIM 2009 World Champs FS (eng.). *完美的演出。*

　　跳台跳水的空中動作也符合角動量守恆原理。我們可以從圖 3-7 來看，當選手在跳台上蹬地時，跳台的地面反作用力會給身體一個力矩，使身體產生旋轉，當跳水選手離開跳水台之後，選手僅受重力作用，重力對身體質量重心不產生任何力矩，因此在落下過程選手所受到的角衝量大小為零，也就是角動量守恆。當跳水選手做前屈動作時，轉動慣量變小，身體就會以很快的速度旋轉，然後在入水前雙手雙腳伸直，身體打直轉動慣量變大使轉速變慢，接著以最佳的角度入水，避免濺起過多水花。

運動科學介紹

圖 3-7　跳水選手做前屈動作時，轉動慣量變小，身體就會以很快的速度
旋轉，然後在入水前雙手雙腳伸直，身體打直轉動慣量變大使轉
速變慢。

YouTubekeywords：10m platform diving olympics.

■ Women's 10M Platform Diving Final | Tokyo Replays

四、零角動量運動（motion of zero angular momentum）

　　剛剛提到的角動量守恆是在人體最初已有角動量的情況下，
當所受角衝量為零時，角動量將維持不變，但有些運動可能最初
就沒有角動量，此時人體某肢段若產生角動量，必在其他肢段產

生相反的角動量，此稱爲零角動量運動。你應該會有突然要往後跌倒的經驗（也許是踩空或是往後退絆倒），此時我們的手會自然地快速由上往後的旋轉避免跌倒。如圖 3-8 手臂快速往逆時針方向轉動時，產生了逆時針方向的角動量，因爲最初是零角動量，因此這樣的動作就會造成軀幹往順時針方向轉動。

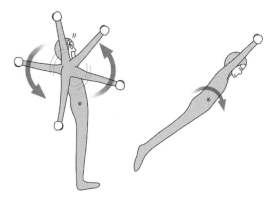

圖 3-8　手臂逆時針旋轉所形成的角動量，將會造成軀幹順時針的轉動，以維持整體的零角動量。

　　這些保持平衡的動作不只人類會做得出來，貓科動物在這方面表現的比人類出色多了，相信很多人都知道「貓轉」。由圖 3-9 可以看到，當貓在原本四隻腳朝天的狀態之下，是如何利用彎曲軀幹，使上半身與下半身形成兩條旋轉軸，而這兩個旋轉

運動科學介紹

軸會形成一個夾角。當貓以上半身當旋轉軸時，上半身與下半身相對於此旋轉軸的轉動慣量是不相同的，同樣以下半身為旋轉軸時，也是如此。而貓能有效的利用旋轉軸的改變，來完成將身體旋轉 180 度，最後安全著地。人類經過訓練也可以達到這樣的效果，譬如體操的跳馬動作（圖 3-9），藉由零角動量的運動，可以在空中做出轉體動作，使身體轉向另外一個方向。而太空人在無重力狀態下，也是利用這樣的原理，在騰空過程完成轉身的動作，想想看他們是如何辦到的？

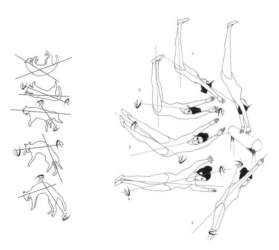

圖 3-9　貓轉和體操的跳馬空中動作，都是屬於零角動量的動作。

運動生物力學理論與應用－動力學

五、功能原理（principle of work and energy）

　　講到功能原理就要分別介紹一下功和能這兩個物理量。功（work）又叫機械功，是物理學中表示力量對於位移的累積物理量。當我們受到一個力量作用，並且有位移量的產生時，就有該力量的功產生，而力量又會讓物理系統產生能量，因此功也是一種能量的變化。功是一種純量，沒有方向性，我們不會說往哪個方向的功，你可能有聽過力量做正功或負功，這裡的正與負指的是物體能量的增加或減少，功的國際單位制單位是焦耳。

　　而能量就是一個間接觀察到的物理量，能量又被視為某一個物理系統對其他的物理系統做功的能力，因此能量與功常常是密不可分的關係，只要有能的變化，你就可以猜測可能也有力量在做功，而功能原理指的就是物體所受到的功，會等於此物體動能的變化量。力學能量除了動能（kinetic energy）外，另一種叫做位能（potential energy），動能位能之間是可以互相轉換的，當我們把物體從高處讓它自由落下，物體位能減少的同時速度會愈變愈快，這就是物體將位能轉變成動能的例子，如果物體只受重力或彈力等保守力作用，則動能和位能的總合不變。運動場中的例子如撐竿跳，當選手快速奔跑後將動能透過竿子轉變成升高的位能（圖 3-10）。

運動科學介紹

圖 3-10　撐竿跳者將助跑所產生的動能，轉換成竿子壓縮變形後的彈性位能，最後竿子反彈釋放彈性位能轉成跳者的重力位能。

位能除了重力位能之外還有彈性位能，射箭選手拉弓的時候就是將力量儲存在拉緊的弓弦上面，放手之後弓弦把彈力位能釋放轉變成弓箭的動能，箭就會以極快的速度向前飛去。另外，像冬季奧運時，許多滑雪項目都是在高地進行，滑雪選手們必須要在高處出發，雖然選手們本身也有出力加速，但是大部分的速度來源，就是從高處的位能，轉變成動能。而與動能相關的兩個要件就是質量與速度，只要維持位能轉變成動能的過程，那麼速度就會不斷的提升上去，一直到重力與空氣阻力和摩擦力平衡，達到終端速度為止。

六、碰撞（impact）

　　碰撞現象在我們日常生活中也常常看到，前面提到碰撞過程兩物體總動量守恆，但碰撞過程中物體形狀改變、碰撞發出聲響，或是產生熱能，都會造成碰撞前後能量改變。碰撞過程中我們可以來計算一個物理量叫做恢復係數 e（coefficient of restitution），恢復係數計算的方法是用碰撞後的相對速度除以碰撞前的相對速度。恢復係數會介於 0 和 1 之間，當恢復係數等於 0 的時候，代表兩個物體碰撞後沒有相對速度，兩個物體是黏在一起的，此時碰撞過程能量損失最大；而當恢復係數等於 1，就表示碰撞的過程之中能量完全沒有損失，此又稱爲完全彈性碰撞。

　　球類運動中球拍（球桿或球棒）與球的碰撞，球與球的碰撞，球與球檯或地面的碰撞等，都是和碰撞原理有關。如球與球拍的碰撞，碰撞前球拍速度是影響球速的主要原因，這當然就包含球的速度大小與方向；另外網球在紅土球場與草地球場之間的速度差異，反彈角度的差異，或是運動鞋的吸震與能量反彈，桌球在擊球時的拍面角度控制，撞球的碰撞等，都是和碰撞原理有關。

肆、流體力學（Fluid mechanics）

　　流體力學討論對象主要為液體或氣體，以運動為例如水上的運動，或是在空中飛行的球類運動，如棒球、網球、排球等，都會和流體力學有關。底下我們針對流體的阻力和麥格拉斯效應作介紹。

　　流體的阻力主要包含形狀阻力以及摩擦阻力。形狀阻力是由於在流體中的物體前後產生的壓力差所造成（物體後方的亂流區為低壓區），和物體迎向流體的截面積、相對速度及流體密度有關，比如游泳的姿勢、自由車選手的騎乘姿勢、以及安全帽的流線型設計等，都和形狀阻力有關。而摩擦阻力當然就和物體的表面性質有關，比如像鯊魚裝的設計，就是模仿鯊魚表皮突起的結構，使水流經泳裝時的摩擦阻力降到最低。另外，像自由車車輪的設備採用碟狀或是較少的輻條，都是為了減少車輪轉動時氣流所造成的摩擦阻力。而高爾夫球表面的凹洞設計，也會改變流體在物體後方所產生亂流區的大小，使球在空中飛行時，所受到的阻力變小。

運動生物力學理論與應用－動力學

YouTube keywords：鯊魚裝、Sharkskin Swimsuit

推薦影片

■ 挑戰新聞軍事精華版—「穿在身上的禁藥？」。一般而言，在比賽中，選手的技巧通常才是最重要的，但在鯊魚裝問市後，我們可以發現，好的技巧固然重要，但有時候裝備也是影響其表現很大的因素，人的皮膚及毛髮都會與水產生摩擦力，而鯊魚裝可以減少泳者在水中的摩擦力，進而增進泳者的表現。

另一個和運動有關的就是麥格拉斯效應（Magnus effect），最常在球的旋轉運動中看到這樣的效應。要產生麥格拉斯效應基本上要具備兩個條件，一個是球體表面必須是非光滑的表面，如棒球的縫線、網球的絨毛、高爾夫球的凹洞等；另外球體本身必須要旋轉。如圖 3-11，當球體在空中由右到左飛行，流體的相對運動方向是由左到右，但球體產生逆時針方向的旋轉，由於球體的非光滑構造帶動表面氣流朝逆時針方向流動，此時球體上方的氣流將因氣流方向相反使流速減慢（流線較疏鬆），而球體下方的氣流則因方向相同而變快（流線較緊密），流速較慢的氣流將形成高壓區，而流速較快的形成低壓區，因而造成上下壓力差的橫向力，此力量就稱為麥格拉斯力。也有說法是，因為旋轉關係，球體上方氣流與表面較早剝離，而球體下方氣流與表面較後

運動科學介紹

剝離，因而造成球體後方的亂流區向上移動，亂流區向上的移動產生向下的反作用力作用在球體上，造成了麥格拉斯力。

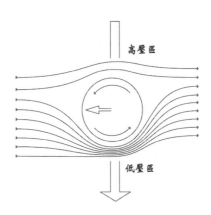

圖 3-11　非光滑的球體旋轉後造成球體兩側氣壓不同，此壓力差形成橫向的麥格拉斯力。

　　當然球體質量愈小，麥格拉斯效應就會愈明顯，像網球抽球、桌球弧圈球、棒球的曲球、足球的香蕉球（圖 3-12）等，都是因為麥格拉斯效應所造成球在空中飛行軌跡的變化。

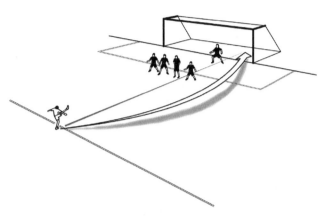

圖 3-12　罰自由球時，球員會踢出香蕉球，越過人牆射門得分。

YouTubekeywords：香蕉球、banana kick soccer.

■ Roberto Carlos - Banana Free Kick.

重點複習

1. 當拋射速度相同時，拋射角度如何影響拋物體的運動軌跡？哪一個拋射角度爲使拋射水平距離最遠？應用到競技運動表現時，會有那些限制？

2. 拋體運動可以分爲上升期、最高點和下降期，試説明在這三個分期，物體的運動特性？如何將這些分期的運動特性，應用在競技運動表現上？

3. 圓周運動中的物體，哪一個加速度與方向的改變有關？這個加速度是如何產生的？

4. 何謂牛頓運動定律？請舉競技運動實例說明。

5. 何謂角動量守恆？請舉競技運動實例說明。

6. 何謂零角動量運動？請舉競技運動實例說明。

7. 何謂麥格拉斯效應？請以競技運動實例說明。

Part 2

田徑場上的科學
（Science of track and field）

　　由於「跑、跳、擲」是人類的本能，不用太多學習就能完成，而田徑就是集三個基本元素而成的運動。田徑（Track and Field）可分為田賽與徑賽，基本上田賽就是距離和高度的競爭，比賽的項目如跳高、跳遠、鉛球、標槍等；而徑賽就是時間的競爭，比賽的項目如 100 公尺、110 公尺跨欄、4*400 公尺接力、3000 公尺障礙等。本篇將介紹徑賽中的 100 公尺、200 公尺、4*100 公尺接力等；田賽將介紹跳高、撐竿跳、跳遠、三級跳遠等。

　　各單項世界紀錄相關訊息請參考 "list of world records in athletics"（資料來源：Wikipedia），http://en.wikipedia.org/wiki/List_of_world_records_in_athletics#Men

徑賽
(Track)

壹、前言

　　徑賽依比賽距離長短，可以分為短距離（400 公尺以下）、中距離（400-1600 公尺）及長距離（1600 公尺以上）。除了距離長短不同之外，短距離的比賽由於選手的速度都相當快，因此起跑會利用起跑架，並使用蹲踞式起跑的方式，且採用分道跑，也就是每個跑道只有一名選手，避免超越時發生衝撞；而中長距離則是使用站立式起跑，而且沒有限制選手必須在那個跑道跑步，但通常選手都是在最內側跑道，除非要超越其他選手才會跑到外側跑道。

貳、環境因素對徑賽表現的影響

　　優秀運動員的徑賽成績表現可說是分秒必爭，因此外在環境因

田徑場上的科學

素對成績造成的影響就會受到重視。風速就是田徑比賽常會考慮到的環境因素之一，如果在比賽開始前幾天，大會預測到比賽當天的風速會大於每秒 2 公尺，那麼比賽將會順延或取消。如果是在比賽當下才出現每秒 2 公尺以上的順風風速，比賽結果的名次照常計算，但是紀錄不會被承認，也就是說如果你在這種情況下打破各項紀錄，但是因為有風速的干擾，所以記錄是不被承認的。過去有研究[1]以數學模式計算風阻對百公尺成績的影響，假設跑者一百公尺的成績是 10 秒，此時若比賽場地的風速為逆風（headwind）每秒 3 公尺，那麼秒數就會增加 0.22 秒，若比賽場地的風速為順風（tailwind）每秒 3 公尺，則比賽秒數就會減少 0.15 秒，對於頂尖選手來說差 0.1 到 0.2 秒，可能就是金牌與銅牌的差別，所以比賽當下風速大小是必須被考量的。當然，其他像比賽所在地的緯度、海拔高度[2]等，也都是會影響選手成績的環境因素。

參、短距離跑的動作技術

一、身體重心

　　短距離與中長距離的跑步動作技術是不相同的,短距離的跑者跑步時手部的擺臂動作和腿部的後勾動作都會比長距離來的大,身體重心也會比長距離更向前傾(圖 4-1)。身體重心前傾,是因為跑步是一個失去平衡再維持平衡的連續動作(請參閱基本理論-靜力學),因此將身體重心前傾將有利於做出加速的動作。但是也有例外的,最知名的就是美國的 400 公尺好手 Michael Johnson,他的招牌動作就是跑步時上半身是直挺挺的,這樣的跑法被認為是沒有力學效率的跑法,但是 Johnson 還是可以跑出好成績(400 公尺 43.18 秒)。如果 Johnson 採用較有效率的前傾式跑法,是否就能使成績更進步,那就不得而知了?也許每個選手都有屬於自己獨特的跑步動作或策略,譬如目前百公尺世界紀錄保持人 Usain Bolt,比賽過程就是一直持續吸氣、吐氣的動作,和一般選手一口氣衝到底是不一樣的。

圖 4-1　右圖短距離的跑者身體會較向前傾。

YouTube keywords：Michael Johnson 200m world record.

推薦影片

■Michael Johnson-Breaks 200m & 400m Olympic Records 這是 Johnson 在 1996 年亞特蘭大奧運所締造的 200 公尺、400m 的紀錄（此紀錄已被 Usain Bolt 打破），影片後段（3：10）可以看到慢動作播放 Michael Johnson 的跑姿（圖 4-1 左圖）。

二、擺腿動作

　　短距離跑的擺腿動作，腳會後勾到臀部位置，這樣的動作主要是可以讓腿的擺速變快（圖 4-2）。當腳後勾到臀部位置時，腿的大部分質量會靠近通過髖關節的旋轉軸，這代表擺動腿有較小的轉動慣量，轉動慣量愈小就可讓腿的擺速增快，而在跑步時腳步前後互換的速度就愈快，身體往前的速度也就會愈快。但是

這樣的跑步擺腿動作相對會比較消耗體力，因此在長距離比賽時，擺腿時腳後勾的高度大約會是在膝蓋的位置，雖然擺速較慢但可以減少能量的消耗，而只有在最後衝刺時才會恢復到短距離跑步的擺腿動作。

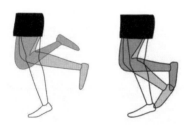

圖 4-2　短距離跑的擺腿動作，腳會後勾到臀部位置，有較小的轉動慣量使腿的擺速增快（左圖）；中長距離比賽時，擺腿時腳後勾的高度大約會是在膝蓋的位置，雖然擺速較慢，但可以減少能量的消耗（右圖）。

三、著地方式

　　腳著地的方式在短距離和中長距離也是不相同的，短距離跑時腳尖會先著地，長距離跑時則腳跟會先著地（圖 4-3）。在短距離快速跑時，騰空腳因為要向前跨出取得較長的距離，會使髖關節彎曲（此時大腿向前擺動）、膝關節伸展，騰空腳盡可能往前準備著地；接著，髖關節向後伸展，膝關節也跟著持續

伸展，此時腿做往後踢的動作著地，如此可使著地時產生向前
的推進力。短距離利用腳尖先著地可以減少接觸地面的時間，
使得推蹬的動作得以更順暢地完成，有利於身體重心向前的移
動。相反的，中長距離跑是利用腳跟先著地的方式，而以腳跟著
地的方式會有「煞車」的效應，也就是說著地期前半段，地面所
給予向後的反作用力，會減慢身體重心的向前速度，接著著地期
後半段才又蹬地加速，以增加跑步速度或維持等速。中長距離
採用腳跟先著地的方式，比起腳尖跑的著地策略是比較省力的

為什麼呢？，中長距離選手在最後衝刺時才會採用腳尖先著
地的跑步方式。

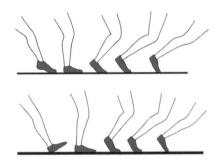

圖 4-3　短距離跑時會腳尖先著地（上圖），優秀選手的腳跟在著地期甚
　　　　至是不會接觸到地面的，以更縮短著地期的時間；長距離跑時則
　　　　會腳跟先著地（下圖）。

YouTube keywords：100m slow-motion.

推薦影片

■The Beautiful 100m. 從這個影片我們可以看到在短跑時，選手的著地策略都是以腳尖先著地，而且著地前腿是向後踢（伸髖伸膝）的動作。

四、步頻與步幅

　　跑步的動作和步頻以及步幅有很大的關係，所謂的步頻就是左右腳交換的頻率，步幅則為每一步的步長，而跑步速度就會等於步頻乘以步幅（速度＝步頻×步幅）。過去有研究[3]在跑步機上以不同的跑步速度來觀察跑者的步頻和步幅變化，當速度由每秒 4 公尺的速度開始漸增時，步幅會有較明顯的增加，而步頻的變化則較小，也就是說在速度較慢時，速度的增加主要藉由步幅的增加。但是當速度愈來愈快接近每秒 8 公尺時，步幅增加的幅度會漸漸地比步頻來的少，也就是說在跑步速度較快時，主要還是經由步頻的增加來使跑步速度增快。步幅的增幅減緩，應該是因為身體結構限制的影響，使步幅的增加已達到極限，此時跑速增加就有賴於步頻增加來貢獻。

肆、一百公尺

一、起跑

　　百公尺跑步比賽的成績在世界頂尖選手之間的差距是相當小的，因此起跑、加速、衝線等每個關鍵，都可能會影響到比賽的結果。百公尺起跑會採用起跑架，而且起跑後，手臂會有大幅度的擺動（圖 4-4），以增加起跑架給的反作用力

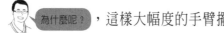為什麼呢？，這樣大幅度的手臂擺動，也常見於競速溜冰的起跑動作。此外，起跑時有些選手會讓身體重心在支撐面前後移動（製造平衡的不穩定），並嘗試抓裁判鳴槍的時機點，以便在聽到起跑槍聲後身體能迅速向前移動，但也因為這樣很容易就會造成偷跑，一旦偷跑就可能會被取消資格，實在是得不償失。

圖 4-4　百公尺起跑，手臂大幅度的擺動是為了增加起跑架的反作用力。

二、步頻與步幅變化

　　前面提到不同跑步速度下，步頻與步幅的變化，並且發現在速度較慢時，主要以步幅增加來增快速度，當跑步速度愈快時，則主要是以步頻的增加來增快跑步速度。一百公尺的比賽過程中，步頻與步幅的變化又是如何呢？過去有研究[4]以攝影機觀察百公尺跑者起跑後每 10 公尺的步頻與步幅的變化，發現在加速期由於需要在短時間內加到最高速才有利於整體的運動表現，因此起跑後的加速期步幅是比較小的，主要是靠步頻的提昇來增加跑步的速度。步頻大約在 20 至 30 公尺之間會達到高峰值，而步幅增加的速度較慢，大約是在 50 至 60 公尺之間才達到最大值，此時也大約是在最大速度期，接著便以較大的步幅來維持最大的速度，而在最後減速期，則因為步頻的下降，造成跑步速度下降。

三、速度變化

　　一百公尺比賽過程中，跑者的速度又是如何變化的呢？圖 4-5 是典型百公尺跑者速度的變化情形，可以很明顯的看出百公尺跑的三個分期，分別是加速期，最大速度期和減速期。以圖 4-5 為例，這位跑者百公尺跑的成績大約是 11 秒，從起跑開始

進入加速跑的階段總共花了 6 秒，加速跑過後就開始進入最大等速跑期，此時跑步速度無法再增加上去。因為跑步向前的動力主要來自於著地時推蹬的力量，當跑步速度愈快時著地期的時間就會相對減短，使推蹬加速的時間變短，如此跑速就無法再繼續增加。等速期維持一段時間後，無氧能量系統消耗殆盡，因肌肉疲勞，步頻降低，跑速會開始下降，在抵達終點前會進入減速期。在觀看百公尺跑比賽時，可能較難用眼睛去觀察到有減速期的發生，而通常在接近終點前感覺上是領先選手加速拉開差距，但事實上這樣的差距是落後的選手因無氧動力不夠，速度降低所造成。其實每個跑者都會有減速期的產生，只是較優秀的跑者可以使減速期發生的比較晚，或是速度降的比較少。

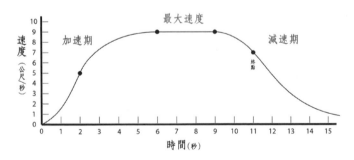

圖 4-5　百公尺比賽過程，跑者的速度變化。在接近終點前，跑者的速度會進入減速期。

四、衝線

短跑比賽最後抵達終點時，選手都會有一個衝線的動作，主要是因為終點會依據哪一位選手的軀幹先壓線，判定最終的成績。所以，選手壓線時為使身體上半部更早一點接觸到終點線，會將雙手盡可能往後擺，如此可使上半身更往前

 為什麼呢？。有時候在選手衝線後，會看到選手做出兩隻手由上向前轉動的現象，這是因為上半身往前壓線，為避免向前跌倒，手會向前自然轉動，使軀幹後轉，這其實就是所謂零角動量的

動作 在哪些情況也可以看到這種維持平衡的動作呢？。

YouTube keywords：Maurice greene、Usain Bolt 100m.

推薦影片

■ mauricegreene's maximum performance. 描述 Maurice greene 100m 跑所使用的策略。影片中詳細介紹 7 個階段跑步速度的變化及策略。

■ 保特 Usain Bolt 100 米 100 M 世界紀錄 World Record 9.58 秒 HD.這個紀錄恐怕短時間內無法被其他人打破，看來 Bolt 也即將造成短跑的 Bolt 障礙！注意看影片中 Bolt 持續的吸氣吐氣的方式和其他選手是不太相同的。

田徑場上⑩科學

伍、兩百公尺

有別於一百公尺都是直線跑道，兩百公尺跑是從彎道處開始起跑，雖然每一跑道的總距離都是一樣兩百公尺，彎道跑的距離也是一樣，但每個跑道的曲率半徑是不相同的，最外道的曲率半徑就比最內側的跑道大。曲率半徑愈小，代表彎道愈彎，或者說方向的改變愈大（所以直線跑道的曲率半徑是多少呢？）。若單以力學角度來考量，最外側的跑道事實上是比較佔優勢的，原因在於外側跑道曲率半徑最大，跑道的方向改變較小，所需的向心力較小（還記得嗎？向心力和運動方向的改變有關），所以可以將推蹬的力量多運用在速度的增加上。相對的，跑內側道的跑者，因為彎道較彎，所需的向心力較大，因此部分推蹬的力量會用來改變運動方向以維持身體在跑道內移動，增加速度的推蹬分力就會因而小一些。過去有研究[5]以數學模式來分析，當同一個人跑兩百公尺最外側（第八道）和最內側（第一道）的跑道，結果成績分別為 19.6 秒和 19.72 秒，最內側跑比最外側跑多花了 0.12 秒，這差異的 0.12 秒就可能會影響到最後的名次。

但若是以心理學的角度來考量的話，在內側跑道的選手似乎

是比較有優勢的，因為內側跑者可以看到其他選手跑步的相對位置和跑速，不像在外側跑道的跑者，尤其是第八道的跑者，在起跑後完全看不到其他選手；而且內側道的跑者會因為前面有目標可以追趕，在心理層面上會產生較大的動力。

　　從力學角度來看，外側跑道是比較有優勢的，而從心理的角度，內側跑道似乎是比較有利的，綜合起來到底那個因素影響較大，就不得而知了？但是我們經常在比賽中可以看到，複賽兩組中第一名的選手，在決賽中會被安排在第四和第五道，也就是在中間的跑道，或許中間的跑道整體效益是最好的吧！

YouTube keywords：Usain Bolt 200m.

推薦影片

■ Usain Bolt wins 200m 19.19WR. 在 200 公尺跑的項目中，選手起跑的位置都不同，我們可以看到最外道的選手的位置在最前方。Usain Bolt 跑第幾道呢？

陸、四百公尺接力（4×100m relay）

　　四百公尺接力，分別由 4 個棒次各跑 100 公尺，在競爭激

田徑場上的科學

烈的國際賽中，參加四百公尺接力的選手通常都是各國短跑的菁英，因此接棒技術，或者說各棒次之間的默契就顯得相當重要。在運動生物力學基本理論中，有提到當交接棒的跑者相對速度為零時，也就是跑速一樣時完成交接棒是最理想的。因此，接棒者如何根據交棒者接近接力區的速度，來決定起跑的位置以及開始起跑的時機，使交接棒時的跑速相同，而且是在接力區內完成接力，就是一個重要的課題。

最新的田徑比賽規則接力區已由 20 公尺改為 30 公尺，並規定接棒者必須在接力區啟動，從接力區的起點開始起跑，30公尺的加速範圍其實是足夠的。但要注意切勿太早起跑，否則交棒的人可能就會無法追上接棒者，而且實際觀看比賽也會發現大部分的交接棒都較為保守，大約在距離接力區終點還有數公尺的距離就完成交接棒，比較少看到在接力區末端完成交接棒的。

YouTube keywords：400m relay slow motion, World Record 4×100 meters relay.

■ WR 4×100m 37.10 Relay Men - slow motion [HQ].注意看選手是以哪一隻手持棒跑的？第一棒到第四棒持棒手依序是右、左、右、

左，知道爲甚麼要這樣嗎？

■ Breaks Men's 4x100 meter World Record. 第一棒跑彎道，交給第二棒後進入直道，第三棒又跑彎道，交給第四棒後跑最後直道。影片在 7:04 左右，可以看到交接棒起跑的時機，以及交接棒的位置。

除了前面提到交接棒的技術，棒次的安排在四百公尺接力也是相當重要的。直覺上每位選手要跑的距離都是 100 公尺，但是若是考慮前面提到的交接棒技術，則每位選手實際上持棒跑的距離是不相同的，以在接力區最末端交接棒爲例，第 1 棒從起跑到交棒，全程都是帶著接力棒跑，所以持棒跑的距離最長，其次是第 2 棒和第 3 棒，而第 4 棒事實上持棒跑的距離最短。以跑的距離來看，若是跑最快的選手持棒跑的距離愈遠，所花費的時間就會愈短，因此跑最快的選手似乎應該是排在第 1 棒，而不是一般認爲的第 4 棒。當然棒次的排定，還有其他因素必須考量，譬如第 1 棒和第 3 棒是跑彎道，而第 2 棒和第 4 棒是跑直道，專長是 200 公尺的選手可能就較適合跑第 1、3 棒。而第 1 棒又牽涉到起跑的反應時間，因此反應時間比較快或是起跑技術必較好的選手，就可以優先排在第 1 棒。另外，剛剛提到四百接力，通常都是各國短跑的佼佼者，瑜亮情節很難避免，而交接棒的默

契也很重要，因此若賽前臨時更換棒次或是更換選手（如受傷替補），都會對成績造成或多或少的影響。

柒、中長距離

中長距離牽涉到的動作技術層面較少，主要還是以心肺耐力的能力為主。通常優秀短跑運動員的肌肉纖維類型是以白肌為主，白肌的收縮快且力量大，能夠提供選手足夠的無氧動力，或稱為爆發力，但是缺點在於不能持久，主要是因為白肌所使用的能源是屬於無氧系統，所以能量會很快的就消耗完畢。而優秀的長跑運動員的肌肉類型是以紅肌為主，紅肌的收縮慢，力量比白肌小，但是能量是由有氧系統供應，所以可以長時間的運作，提供選手足夠的耐力。基因會決定人體紅肌和白肌的比例，而且兩種肌纖維間不容易經由訓練而轉換，也就是說有的人天生就是爆發型的選手，有的就是耐力型選手。因此，選才的工作在競技運動科學上也是相當重要的。

附　註

1. Prichard, W. and Prichard, J. (1994) Mathematical models of running. American Scientist, 82(6), 546-553. 另一篇有關的論文是 Linthorne, N. (1994) The effect of wind on 100-m sprint times. Journal of Applied Biomechanics, 10(2), 110-131.

2. Quinn, M.D. (2003) The effect of wind and altitude in the 200-m sprint. Journal of Applied Biomechanics, 19(1), 49-59.

3. Luhtanen, P. and Komi, P.V. (1978) Mechanical factors influencing running speed. In E.Asmussen and K. Jorgenson (eds.). Biomechanics VI-B, Baltimore: U. Park Press.

4. 劉淑華（2007）。100 公尺跑分段速度參數之相關研究。大專體育學刊，9 卷 2 期，83-96 頁。

5. Alexandrov et al. (1981). Physical of sprinting. American Journal of Physics, 49(3), 254-257.

重點複習

1. 身體重心、擺腿動作以及腳著地的方式，如何影響短距離跑的技術表現？

2. 步頻與步幅如何影響跑步的速度？

3. 百公尺短跑，優秀選手的速度表現會如何變化？原因為何？

4. 以力學角度來考量，兩百公尺短跑，跑那一個跑道會比較佔優勢？為什麼？

5. 四百公尺接力，在棒次安排上須考慮那些因素？

田賽
（Field）

壹、前言

田賽分為跳部和擲部。跳部是人體的拋擲，比賽項目有跳高、撐竿跳、跳遠、三級跳；擲部是器械的拋擲，比賽項目有鉛球、鐵餅、鏈球、標槍。既然都是物體的拋擲，所以田賽的比賽就都會和拋體運動有關。

貳、跳高（high jump）

跳高比賽是以跳過每一輪的橫桿高度當作成績，因此良好的助跑技術能夠充分的在起跳時將水平速度轉換成垂直速度，加上良好的過桿動作，就會有很好的成績表現。背向式的跳高方式，又稱為Fosbury flop，是目前主流的跳高動作技術，最早是由美國跳高選

手 Dick Fosbury 於 1968 墨西哥奧運使用，並擊敗所有採用跨越式跳法（straddle jump）的選手。底下就跳高的各動作分期做介紹。

YouTube keywords：Mexico 1968 high jump final, Dick Fosbury.

■ Mexico 1968 high Jump Final（Fosbury 2.24m Ed charuters 2.22m）.wmv. 影片中可以看到過去的跳高選手都是採用跨越式的跳法，只有 Dick Fosbury 採用背向式跳法。

■ How One Man Changed the High Jump Forever.

一、助跑

　　大家都知道，有助跑速度的向上跳，一定比在原地起跳還來的高。但是並不是跑愈快，最後起跳高度就愈高，受限於人體構造的限制，並無法將助跑的水平速度 100% 的轉換成垂直速度。因此這兩者間有一定的最佳化比值，然而背向式的跳高動作，最能幫助選手將水平速度轉換成垂直速度。

　　背向式跳高的助跑是以圓弧形的跑步軌跡做加速的，主要是因為背向式必須使用身體背面過桿，所以當跳者在助跑往前接近橫桿時，必須要轉動身體使得背朝前，因此圓弧形的軌跡有利於

身體的旋轉。在助跑時，身體會略為向內傾斜以產生足夠的向心力，起跳後身體會沿著圓弧的切線方向移動，弧線助跑最後三步會縮小步幅、增加步頻，如此有利於起跳時身體的重量集中在腳上，便能有效的藉由膝關節的彎曲伸展，將水平速度轉換成垂直速度。此外，起跳時的手臂往上擺的動作，也有利於轉換助跑時的速度方向。

二、起跳

跳高過桿成績可由三個高度來決定，由圖 5-1 可看出桿子高度 $H = H_1 + H_2 - H_3$，其中 H_1 為起跳離地瞬間身體重心的高度，重心高度和跳者的身高有關，愈高的人會有愈高的重心高度，所以目前各國優秀的跳高選手身高幾乎都在 190 公分以上；另外，也可以藉由舉手、抬腿的動作增加重心高度，特別是抬腿動作不僅可以增加重心高度，更有利於身體做旋轉。H_2 為重心騰空高度，騰空高度和起跳垂直速度有關，較好的肌肉爆發力以及助跑最後幾步的適當調整，會增加垂直方向的起跳速度，進而增加重心騰空的高度。H_3 則為重心最高點離桿子的距離，若重心在桿子上方，則 H_3 為正值；若重心在桿子下方，則 H_3 為負值。

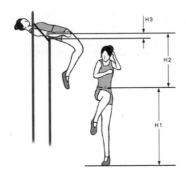

圖 5-1　成功試跳的高度 H，會受到起跳離地瞬間身體重心的高度 H_1，重心騰空高度 H_2，以及重心最高點離桿子的距離 H_3 影響，即 $H = H_1 + H_2 - H_3$。

　　由 H_1、H_2、H_3 可以決定跳者過桿的高度，也就是桿子高度 $H = H_1 + H_2 - H_3$，由這個公式可以發現，如要使 H 值增加，則必須要增加 H_1、H_2，而且必須要減少 H_3，當然 H_3 最好為負值，這樣會有更好的高度表現。H_1 的增加，可由跳者的身高、起跳的姿勢來獲得；H_2 的增加，可以由起跳的技巧、下肢肌肉爆發力來獲得；H_3 則和過桿技巧有關，H_3 為負值代表身體重心高度比桿子還要低，背向式的過桿動作會將身體的重心移至身體以外的地方，所以就算重心位置比橫桿高度還低，依然可以藉著良好的動作技巧完成過桿。如果是早期的跨越式跳法，過桿時身體重心是在橫桿上方，和背向式的跳法相比，單單過桿技術不同，

其過桿的高度差可能就會在 10 公分左右（圖 5-2），難怪當初
Dick Fosbury 會以這個當時大家認為非常怪異的跳法，技壓群雄
奪得金牌，並從此改變跳高的技術。

身體重心

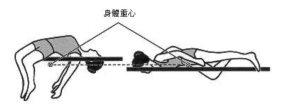

圖 5-2　身體重心高度不變，背向式跳法的過桿高度可以比跨越式跳法多
　　　　將近 10 公分。

三、過桿動作

　　背向式的過桿動作是藉由背部朝向橫桿做仰臥弓身的動作
過桿，此時身體重心落於身體外側、橫桿下方，從手部、頭部、
上半身、下半身逐一通過跳桿上方。當上半身越過橫桿，頭部
朝下時，跳者會利用角動量守恆的原理，做縮腹抬腳的動作完成
過桿。由於在過桿時眼睛是看不到橫桿位置的，因此跳者的本體
感覺必須要很好，才能在準確的時機做出縮腹抬腳的動作，以避
免腳踢到桿子，使桿子掉落。當然，優秀跳高選手在不斷地練習

中，都能準確地掌握到收腿的時機，比賽時桿子會掉落通常都是因為高度不夠，臀部碰觸到橫桿所造成。

YouTube keywords：High jump, High jump slow motion.

■ Javier Sotomayor - High Jump World Record-2.45 m (8.046 ft)
■ High jump form slow motion.

參、撐竿跳（Pole vault）

　　撐竿跳高是田徑運動中技術複雜且難度高的項目之一，也因此2000年女子撐竿跳才成為奧運會的正式比賽項目。撐竿跳的整個動作過程可分解為：助跑、植竿起跳、懸垂擺盪、上擺、引伸轉推、過竿落下（圖 5-3）。撐竿跳動作技術可以看成是一個複擺：包含竿子與跳者的擺盪。跳者植竿蹬地起跳後，以跳者右側來看，竿子連帶跳者開始以順時針方面旋轉，此時身體繼續向前擺盪，竿子持續彎曲變形，系統的轉動慣量變小有利於旋轉。

當竿子在彎曲到最大後開始反彈，使得竿子又開始伸直，竿子連帶跳者的轉動慣量又變大，在接近直立時轉動變慢，同時竿子的反彈力將跳者往上送到最高點。為避免竿子繼續轉動，跳者會做出轉身推竿過桿的動作，將竿子向後或向旁邊推開。

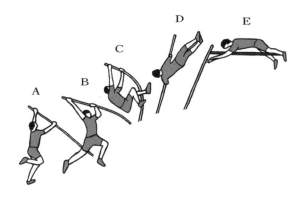

圖 5-3　撐竿跳的整個動作過程可分解為：A. 植竿起跳、B. 懸垂擺盪、
　　　　C. 上擺、D.引伸轉推、E. 過竿落下。

另一個擺盪發生在跳者上，如果把撐竿動作分開來看，可以從圖 5-3 上看到撐竿跳的過程中，跳者會不停的以不同的旋轉軸旋轉：一開始旋轉軸在竿子上，等竿子撐到起跳點的凹槽時，人開始往前擺盪；擺盪至一定的位置時，屈髖使腳往前勾起，膝蓋往肚子的地方收，此時旋轉軸在髖關節，跳者做上擺倒立的動

作，再來等桿子擺盪至直立時，選手開始做推竿的動作，將身體推離竿子，此時旋轉軸在肩關節的位置。

　　從能量觀點來看，整個撐竿跳過程跳者利用助跑的速度由動能轉換為竿子的彈性位能，而後再轉換為人體的重力位能，如果撐竿跳者能有效的掌握懸垂後上擺的時機，便能有效將撐竿彈性位能轉為人體的重力位能，以提高成功試跳的機會。雖然現在竿子的材質愈來愈進步，但是它的特性還是有些不同，撐竿跳者應依照自己的速度、體重去選擇彈性係數適合自己的竿子，才能有效掌握到撐竿的變形與反彈。

YouTube keywords：Bubka 6.15, Mondo Duplantis

推薦影片

■ Sergey Bubka - WR Indoor Donetsk 21 feb 1993.有「鳥人」之稱的俄羅斯撐竿跳好手布卡，創下 6.15 公尺的室內紀錄。（此紀錄已被瑞典選手 Mondo Duplantis 6.21 公尺打破）

　　前面提到，跳者若能有效的掌握懸垂後上擺的時機，便能有效將撐竿彈性位能轉為人體的重力位能。筆者曾針對國內優秀男子撐竿跳選手進行上擺時機的分析[1]，發現在不同的成功試跳中，每當優秀選手的眼睛位置到達某一空間點時，選手髖關節角

度的變化曲線會重疊在一起，由此結果我們推測選手是經由視覺訊息來啓動上擺的動作。但是因爲這個研究僅分析金牌得主的結果，因此是否每一位撐竿跳者都是採用視覺訊息來決定上擺時機，則必須要有更多的研究來驗證。不過，優秀運動員的感覺是很敏銳的，在運動過程中總是能很快蒐集各項外來的訊息，然後大腦就能在很短的時間內做出動作決策，撐竿跳是如此，其他運動項目也是如此，而運動員到底如何做出這些決策的，現階段應該會是所有從事運動科學研究的人都急於想要去探索的。

　跳高和撐竿跳都是以垂直高度來當作成績，同樣是由助跑的水平動能，轉換成垂直方向的動能，最後藉著垂直動能表現出實際的垂直高度。但是兩者差異在於轉換的方式不同，或者說將水平動能儲存成彈性位能，再轉換成垂直動能的媒介是不一樣的，跳高是將彈性位能儲存在人體的肌肉裡，而撐竿跳則是藉由竿子的變形來儲存。比起撐竿跳的竿子，人體的肌肉並無法儲存太多的彈性位能 為什麼呢？，當然表現出來的垂直高度也就有一定的限制，目前跳高的世界紀錄爲 2.45 公尺，撐竿跳的世界紀錄是 6.21 公尺（室外記錄是 6.16 公尺），就可知道兩者的差異。另外，助跑速度也有很大的差異，因爲人體肌肉轉換能量效

率有限，假設跳高時的助跑速度太快，肌肉就無法儲存過多彈性位能，而且起跳角度也無法抬升至垂直向上，所以跳高助跑速度是有適當範圍的。相反的，撐竿跳因為可以將彈性位能儲存至跳竿的變形上，所以在助跑時跳者可以盡情地發揮水平速度。

肆、跳遠（long jump）

跳遠也稱急行跳遠，是田徑的單項之一，也是男子十項全能和女子七項全能中的其中一個項目。跳遠的主要動作可以分為四個部分，包括助跑、起跳、空中動作、著地動作（圖 5-4）。由於跳遠比的是水平距離，因此有較快的水平速度、適當的起跳角度、維持身體平衡的空中動作以及良好的著地姿勢，都是影響跳遠表現的關鍵。

圖 5-4　跳遠起跳、騰空、著地的連續動作。

一、助跑

　　助跑的目標就是讓選手能夠得到高的水平速度，才能取得佳績。但是怎麼助跑呢？並不是單純的像跑一百公尺一樣猛力向前衝刺就可以了，因為最終的目的還是要踏到起跳板，然後進行起跳的動作，不然起跳點超過起跳板會被裁判判定試跳失敗，太早跳又會影響跳遠成績，因為不管從哪邊起跳，跳遠距離都是從起跳板開始測量起，所以愈接近起跳板的前緣起跳，跳遠成績就會愈好。因此助跑看似簡單，其中卻有些值得要注意的地方，包括助跑距離、起跳標記、啓動方式和助跑節奏等。

二、起跳

　　起跳是跳遠技術很關鍵的一部份，主要目的就在於充分的將助跑的速度轉換成起跳後的水平距離。因此動作必須要連貫，不能有停頓，維持一貫的跑步節奏，使起跳腳確實的踩在跳板上，如此就會有較好的起跳表現。踩踏跳板時，起跳腿快速蹬地然後伸直，另一隻擺動腿膝蓋彎曲抬升，同時雙臂向上擺動（為什麼雙臂要向上擺動？）。起跳腳的爆發力和跳遠成績有很大的關係，踏板起跳技術大概有兩種，一種是力量型，一種是速度型

（圖 5-5）：力量型的，助跑速度較慢，腳接觸踏板時身體重心在踏板後方，因此有比較長的踏板蹬地時間，蹬地起跳後垂直速度較大、起跳角較大，但由於助跑速度較小，所以起跳後水平速度也較慢，主要利用空中停留時間來爭取距離，代表性的人物就是美國跳遠選手 Mike Powell；另一種為速度型，由於助跑速度快，腳接觸踏板時身體重心在踏板正上方，因此踏板蹬地時間較短，垂直速度小、起跳角也較小，主要是利用水平速度來爭取距離，代表性人物是另一位美國跳遠選手 Carl Lewis。這兩種踏板技術何者較好呢？Lewis 是連續四屆奧運跳遠金牌，而 Powell 是目前世界紀錄保持人，同時也是打破貝蒙障礙的人，可見兩種踏板技術各有所長，端看選手個人的身體素質來決定適合的技術。

(a)　　　(b)

圖 5-5　跳板起跳技術可分為(a)力量型和(b)速度型。力量型的，腳接觸踏板時身體重心在踏板後方，以較大垂直速度取勝；速度型的，腳接觸踏板時身體重心在踏板正上方，以較大水平速度取勝。

由於跳遠的成績是從起跳板靠近沙坑的邊緣開始算起，因此在競爭激烈的比賽中，不僅在起跳時要踏到起跳板，更要讓起跳點接近起跳板前緣，即使少個兩三公分，可能就對名次有很大的影響。所以起跳板對於跳遠選手有很大的心理和動作上的影響，曾經有人推測，如果跳遠沒有起跳板，測量跳遠成績從任意起跳點開始，少了配合起跳板的助跑步伐，跳遠的成績可以進步好幾公分。

　　優秀選手在起跳離地時，身體重心通常會在踏板的前方（圖 5-6），除了延長踏板蹬地的時間外，也是為了在起跳離地前增加一些水平距離。由於離地時，身體重心在起跳板前方，因此地面反作用力對身體質心會形成一個順時針的力矩（由右側來看），因此起跳後身體會因力矩作用產生順時針的角動量 記得角衝量—角動量原理嗎？，這個順時針方向的角動量會造成軀幹向前旋轉，因此跳者必須在空中做平衡動作，才能避免過度旋轉影響後續著地的動作。

　　世界級的跳遠選手起跳角度大約為 20-23 度，可是如果依照拋體運動的物理定理，拋射角應該在 45 度才可以獲得最大的水平距離。而最佳的跳遠起跳角度之所以在 20 度左右，原因在於

跳遠助跑速度很快，如果起跳角為 45 度的話，在踏板這麼短的時間，要讓身體產生同樣大小的垂直速度，起跳腳必須承受地面反作用力將近約 50 倍體重的力量，才有辦法跳出 45 度角。就算人體肌肉有這麼大的爆發力，人體的骨骼系統恐怕也無法承受這麼大的力量。

三、騰空動作

騰空動作的目的是在維持身體的平衡和身體起跳後的重心軌跡，由圖 5-6 中可以看到，優秀的跳遠選手在蹬地起跳離地瞬間，身體重心不是位於地面反作用力的正上方，因此會產生一個力矩，也就會有一個順時針的角動量，使得人體往前旋轉。為了平衡這個順時針的角動量，人體勢必作其他動作來平衡，於是在跳起騰空後跳者手部會盡可能伸直，並且以肩關節為旋轉軸做順時針方向的轉動，產生順時針的角動量；腿部的部分，以髖關節為旋轉軸，腿往前擺動時抬膝彎曲（旋轉方向為逆時針方向），往後則是伸直擺動（旋轉方向為順時針方向），動作就像在騎腳踏車一樣（hitch-kick, 圖 5-6），但是伸直的腿比彎曲的腿轉動慣量大，所以在腿部的動作也是產生順時針方向的淨角動量。藉由手部和腿部轉動所產生的順時針方向角動量，將使得軀幹產生

一個逆時針方向的角動量，用以平衡起跳時身體的前傾，如此一來，後續的騰空、著地動作會做的更平順，也可避免因身體前傾而提早落地。在完成空中平衡的動作後，跳者會做出挺胸收腹的動作，雙手下壓後擺，使腿部向上抬起準備落地（圖 5-4 e,f）。

圖 5-6　跳者騰空後，手會做順時針方向的繞環，及腿做類似踩腳踏車的動作，使得產生順時針的淨角動量，於是身體軀幹產生了逆時針方向的角動量，避免身體前傾。

四、落地動作

落地動作是整個跳遠過程裡最後一項技術，好的落地動作能有效延續騰空動作，一方面能有更遠的水平距離，另一方面又能緩衝保護自己不受傷。跳者在空中會收腹準備著地，此時雙手會向後擺，增加著地腳向前的距離，在腳著地瞬間身體重心位於著

地點後方，為避免身體直接坐下觸地，縮短跳的距離，後擺的雙
手在著地瞬間必須立刻向前用力擺動，產生一個較大的逆時針方
向角動量，使軀幹產生相對（往前）的順時針方向轉動，避免身
體直接接觸沙坑（圖 5-7）。

圖 5-7　著地前雙手後擺，增加著地腳向前的距離；著地後，雙手順勢向
　　　　前擺動，帶動身體向前。

YouTube keywords：long jump slow motion, long jump final.

■ Long Jump slow motion form analysis - Dwight Phillips, Mitchell
Watt, NgonidzasheMakush

■ Men's long jump in slow motion. 觀察每位選手踏板起跳、騰空平
衡、挺胸收腹，以及最後落地手臂前擺的動作。

■ Men's long jump final | Tokyo Replays

貝蒙障礙是田徑界一個廣為人知的名詞，它指的是一位牙買加裔的美國選手在 1968 年的墨西哥奧運跳遠比賽所創下的世界紀錄。由於當時世界紀錄為 8 米 35，結果在墨西哥奧運中，貝蒙選手在跳遠比賽跳出 8 米 90 的成績，一舉將世界紀錄往前推了 55 公分，當時大家都認為這個紀錄超出人體的極限，很難可以超越，因此就被稱為貝蒙障礙，而這紀錄一直到 1991 年，也就是過了 23 年，才被美國另一名跳遠選手 Powell 打破。

YouTube keywords：貝蒙障礙、Mike Powell long jump 1991.

推薦影片

■ 貝蒙障礙.flv.

■ Men's Long Jump | World Championships Tokyo. Beamon 在墨西哥奧運時打破世界紀錄，甚至連當時的皮尺長度都無法測量出他的成績，這項紀錄保持了長達 23 年才由 Mike Powell 所打破。影片中也可以看到另一名跳遠好手 Carl Lewis，他的成績 8.91 先打破 Beamon 保持的世界紀錄，但隨後馬上被 Mike Powell 的 8.95 取代。

　　貝蒙障礙的產生，其實和當時比賽的環境因素有很大關係。當年奧運舉辦在墨西哥的墨西哥市，它是個位於高海拔和低緯度的城市，由於位居高海拔，因此空氣較稀薄、密度較低，使得空

氣阻力變小；而高海拔和低緯度都使得墨西哥市當地的地心引力G 值較小，這是因爲地球非半徑一致的球體，兩極半徑較小，位於赤道的地方則半徑較大，因此低緯度、高海拔的墨西哥市離地心相對於其他城市來的遠，受到地心引力向下的作用力相對較小，較小的 G 值有利於跳遠的空中飛行距離。有了這樣得天獨厚的環境條件，大家才會認爲貝蒙當時所創下的成績很難再被打破，但是也有學者根據當時的環境條件去進行計算，將有利增加跳遠成績的因素扣除後，貝蒙仍有 8.82 的成績，這樣的成績其實在當時依舊可以在跳遠世界田徑賽中得到金牌。當然，因爲後來材料工程科技愈來愈先進，跳遠的助跑跑道更具彈性，選手在助跑時能有更好的水平速度，因此 Powell 才能在 1991 打破這項記錄，一直到今天（2022 年）這項記錄已經被保持了將近 31年，儼然已形成另一道 Powell 障礙了。

另外，有趣的是剛好貝蒙障礙那一屆奧運會，也是第一位來自台灣的女選手紀政，在田徑女子 80 公尺跨欄獲得銅牌。還有Dick Fosbury 也是在當屆奧運獲得跳高金牌。

YouTube keywords: 1968 mexico Olympics 80m hurdles final

■80m hurdles 1968 Olympics games Mexico Karin Balzer.「飛躍的羚羊」紀政，在1968墨西哥奧運為中華民國奪得一面銅牌。這是繼楊傳廣在羅馬奧運獲得男子十項銀牌後，我國獲得的第二面獎牌。有看到紀政（第二道）衣服上的國旗嗎？

伍、三級跳遠（triple jump）

　　三級跳遠是一項力與美結合的田徑項目，且技術水準相當高，雖然動作過程和跳遠類似，但是就技術層面而言，三級跳會更具有困難度和複雜性，其成績的優劣也和技術有很大的關係，不單單只需要爆發力，更要具備優良的協調能力，才有辦法達到好成績。雖然三級跳和跳遠很像，但是起跳的策略卻完全不一樣。三級跳有三次起跳，等於要面臨三次決策，而且是連續動作，因此每一跳都會影響下一跳的表現。選手不只要考慮單次跳躍的水平和垂直速度的分量比例，還要考慮整體動作是否可以連貫，讓整個動作能順暢運行，因此選手的協調性在三級跳遠中極

為重要。

　　和跳遠最大的不同即在起跳的部分。三級跳顧名思義就是要在起跳時，跳三次，分別為第一跳（Hop）、第二跳（Step）和第三跳（Jump）（圖 5-8）：以第一跳右腳起跳為例，第一跳為右腳起跳、右腳著地（同側腳），接著第二跳右腳起跳、左腳著地（異側腳），最後第三跳左腳起跳，然後落入沙坑。三級跳每一跳的起跳角度大約介於 8 度到 12 度，這角度明顯小於跳遠的起跳角度，主要是因為如果垂直角度過大的話，代表落地時也會有較大的垂直向下的力量，將會導致下一跳的水平速度下降，不利於整體表現。所以在整個三級跳的過程中，都要盡可能保存水平速度。

圖 5-8　三級跳的連續動作，包含第一跳（Hop）、第二跳（Step）及第三跳（Jump）。

第一跳（Hop）是三次跳躍中，重心最低的一跳，雖然是銜接前面助跑的加速度起跳，但是因爲後面還有第二跳和第三跳，所以不宜過度用力，應以銜接後續動作爲考量。在動作上，上半身應使重心軌跡穩定以保持平衡，擺盪腿應積極地往前擺動，增長身體在水平位置上的移動，做好第二跳的準備。第二跳（Step）是從第一跳著地後就開始，一般來說，第二跳在三次跳躍裡所移動的水平距離是最短的，主要是作爲第一跳和第三跳之間的連結。第二跳著地時，膝關節不宜彎曲角度過大，過多的緩衝會導致水平速度消耗，因此應順應第一跳的水平速度，換腳往前跨步即可。第三跳（Jump）的起跳角度最大，其動作類似於跳遠的起跳動作。第三跳由於水平速度已經明顯降低，因此正確的著地動作技術是相當重要的（圖5-7）。

　　隨著三級跳的發展，各國選手對於三次跳躍的水平距離比例各不相同。目前主流有兩種，一種爲俄羅斯式，依據三跳的距離比例分別爲39%, 30%, 31%。另一種爲波蘭式，依據三跳的距離比例分別爲34%, 30%, 36%。可以看到這兩種方式的第二跳都是比例最小的，而兩者最大的差別在於是第一跳奮力拉遠水平距離（俄羅斯式），還是將力氣放在最後一跳（波蘭式）。

YouTube keywords: Triple Jump World Record Slow Motion, Triple jump final.

■ This Will Never Happen Again ‖ The Untouchable Records of Jonathan Edwards 三級跳遠世界紀錄保持人 Jonathan Edwards 18.29 公尺。

附　註

1. 吳金黛、邱宏達（2008）。優秀撐竿跳選手視覺訊息
   對於擺上時機之影響。運動教練科學，第 10 期，47-56
   頁。

重點複習

1. 那些運動生物力學的因素會影響跳高的表現？
2. 背向式跳高（又稱為 Fosbury flop）的優勢在哪裡？
3. 試以複擺的觀點，說明撐竿挑的動作技術？
4. 試以能量轉換的觀點，說明跳高與撐竿跳動作技術的差異？
5. 優秀跳遠選手，如何在騰空期維持身體姿勢的平衡？
6. 造成跳遠「貝蒙障礙」的原因有哪些？

Part 3

球類運動的科學
（Science of ball game）

　　球類運動是屬於對戰的競賽，也就是一場比賽是屬於兩個人或兩個隊伍的競技。各個球類運動的上場人數、是否隔網、場地特性、使用器材、規則等皆不盡相同，也因此增添了各球類運動精彩好看的地方。了解各球類運動的特性，才能幫助我們以科學的角度去分析，譬如賽程的安排、技戰術的擬定、或是器材設備的設計等。本篇將從球類運動賽程的安排開始講起，接著介紹棒球、桌球和撞球的科學。本篇僅是拋磚引玉，如果讀者對其他球類運動有興趣，可以經由本篇介紹的模式，嘗試去解釋或分析其他球類運動的技術或現象，如此以不同的角度來欣賞這些球類運動，相信會更增添意想不到的樂趣。

Chapter 6

球賽賽程
(Ball game schedule)

壹、前言

　　一場球賽若要進行順利、過程精彩並圓滿完成，除了球員要有精彩球技、裁判要有公正果斷的判決、場地設備一應具全外，比賽的賽程安排也是相當重要的。好的賽程，可以使比賽愈到後半段愈精彩，且結果充滿變數，不到最後無法知道誰會獲得冠軍。因此，對於一個參賽選手或是舉辦賽會的人員來說，瞭解賽程設計的原則是有其必要性的。

　　賽程的基本要求必須要公平、公正、公開，盡可能使所有參賽者機會均等。現今較常用的賽制有兩種，分別是循環制與淘汰制，而把兩種賽制混合使用的則稱爲混合制。循環制，顧名思義就是參與的隊伍和其他隊伍都要有對戰的機會，循環制的優點是比賽觀摩機會多，但缺點是比賽場次太多，需要較多場地，耗費時間較長，

辦比賽所花費的經費相對也比較高（如裁判費、場地費等）。若場次過多，也有可能受限於環境或天氣，在規定之舉辦天數內無法將全部賽程比完。由於循環制讓參賽隊伍有比較多的比賽機會，因此久久辦一次的大型比賽，或是來參與的隊伍是遠地而來的，或是聯誼性質的比賽，較適合使用循環制。例如大學最常舉辦的校際科系盃賽等。

淘汰制的優點在於比賽的總時間比較短，其中淘汰制又分為單淘汰以及雙淘汰，而且因為晉級機會小，所以比賽過程精彩緊湊，缺點則是有可能一不小心就被淘汰，如突然受傷、或是其他環境、心理等突發因素所影響，特別是團隊競賽，更是容易出現爆冷門的情況。通常參賽隊伍過多，則會常採用單淘汰制，如校內系際盃，因為比賽隊伍太多，常採用單淘汰制。混合制是較常被使用的賽制，預賽採分組循環，決賽則採單淘汰。底下就最常使用的循環制及淘汰制做詳細解說。

貳、循環制（Round robin）

不論是何種賽制，一定要先把比賽的總場次算出來，如此才能確定場地是否足夠、規定比賽天數內是否能完成，另外也能依

此編列相關經費預算。以團隊球類競賽為例，在單循環賽制中，由於每隊必須與其他隊比賽，也就是 n 隊必須與其他 n-1 隊比賽，因此共需比 n×(n-1) 場，但由於任意兩隊 A 對 B，與 B 對 A，指的是同一場比賽，場次重覆計算，因此總場數必須再除以 2，也就是總場數=n×(n-1)/2。大家應該對這個公式不陌生，這就是國中幾何數學中任 3 點不共線的 n 點能夠連成幾條線的公式，事實上在畫出循環賽程時，我們使用的正是這樣的觀念。如任意三點（不共線）連成三條線，代表三個隊伍在單循環賽中共需比 3 場；任意四點（任三點不共線），可連成 6 條線，四個邊及 2 個對角線，代表四個隊伍的單循環賽總共需比 6 場（圖 6-1）。若是以圖形來表示循環制，通常最多到五邊形，也就是 5 個邊及 5 條對角線，共需比 10 場，即 5×(5-1)/2 = 10。如果單循環參賽隊伍過多，通常不會以圖形表示，而是以表格呈現，這在大專籃、排球聯賽經常見到（表 6-1）。

圖 6-1　3 隊（三角形）和 4 隊（四邊形）循環的賽程圖。參賽隊伍會寫在頂點旁，兩隊的比分會寫在線旁。三角形有三個邊，所以要比 3 場；四邊形有四個邊及兩條對角線，所以共要比 6 場。

表 6-1　大專排球聯賽分組賽程表，因為參賽隊伍為 6 隊，通常會以表格方式呈現。

日期	時間	參賽學校	成績	勝隊
3/20	10:00-12:00	成功大學 v.s. 中興大學		
3/20	12:00-14:00	嘉南科大 v.s. 實踐大學		
3/20	14:00-16:00	虎尾科大 v.s. 樹德科大		
3/21	10:00-12:00	實踐大學 v.s. 虎尾科大		
3/21	12:00-14:00	成功大學 v.s. 嘉南科大		
3/21	14:00-16:00	樹德科大 v.s. 中興大學		
3/22	10:00-12:00	中興大學 v.s. 嘉南科大		
3/22	12:00-14:00	實踐大學 v.s. 樹德科大		
3/22	14:00-16:00	成功大學 v.s. 虎尾科大		
3/23	10:00-12:00	成功大學 v.s. 實踐大學		
3/23	12:00-14:00	虎尾科大 v.s. 中興大學		
3/23	14:00-16:00	樹德科大 v.s. 嘉南科大		
3/24	10:00-12:00	嘉南科大 v.s. 虎尾科大		
3/24	12:00-14:00	成功大學 v.s. 樹德科大		
3/24	14:00-16:00	中興大學 v.s. 實踐大學		

註：此表僅為範例，並非真正的比賽賽程。

除了計算總場數外，還必須計算比賽週期數，這會與整個賽事完成所需的時間，及所需場地數有關。由於球類運動比賽是屬於對戰狀況，如果參賽隊數是偶數，在場地夠用的情況下，同一時間所有隊伍都可以上場比賽；如果參賽隊數是奇數，則同一時間就會一個隊輪空無法比賽（因為沒有比賽對手），而這樣能在同一時間讓所有隊伍上場比賽稱為 1 個週期或 1 輪。如果一場比賽的時間預計是 1 小時，而整場單循環賽制必須要 5 輪完成，則在場地足夠的情況下，總比賽時間就要 5 個小時，因此計算週期數是相當重要的。

計算週期數的方法很簡單，以偶數隊為例，每一隊每一輪都能分配到對手比賽，由於每隊必須與其它 n-1 隊比，因此週期數為 n-1，也就是要有 n-1 輪的比賽；如果是奇數隊，每一輪一定會有 1 個隊無法分配到對手比賽（輪空），因此週期數是 n，也就是要比 n 輪。舉例來說，如隊伍有 7 隊，總週期數就是 7 輪，若隊伍數是 8 隊，總週期數也是 7 輪，因此為了節省比賽時間，應該盡量避免在循環或是分組循環之中讓隊伍數為單數。

循環制會以勝率（勝率 = 勝場數÷總場數），或積分來決定名次，若有多隊預賽勝率或積分相同，則在比賽之前一定要將預賽晉級的規定列清楚。如有兩隊預賽戰績相同，則看對戰結

果，勝者勝出；若有三隊以上戰績相同，則依比賽性質訂出勝出規則，以壘球為例，通常會先以在該組比賽中的總失分作比較，愈低者勝出，總失分還是相同，則以總得分決定勝出，得分愈多勝出。如果總得分與總失分都相同，則可再依序以這些戰績相同的隊伍彼此對戰的相對總失分，或相對總得分來比較勝出，有的比賽可能直接以相對得分率作比較，如果還是相同（這種機率實際上是很低的），就只好用最原始的方式，如用丟銅板決定等，即使可能要丟銅板，都要詳細寫在比賽辦法裏面，絕對不要沒寫，等真的發生戰績相同時，才臨時決定勝出規則，這樣的賽程安排就會有失公正，造成不必要的抗議發生。

　　舉例說明如下，ABCD 四隊的循環（表 6-2），表格右上方為比數，左下方為勝隊。比賽結果 A, B, C 戰績相同都是 2 勝 1 負，D 隊 3 負最後 1 名。A, B, C 戰績相同，必須比較得失分。順序如下：

(1) 比總失分：A(1 + 5 + 1 = 7)、B(4 + 1 + 2 = 7)、C(2 + 5 + 0 = 7)，都是 7 分。

(2) 比總得分：A(4 + 2 + 4 = 10)、B(1 + 5 + 4 = 10)、C(5 + 1 + 4 = 10)，都是 10 分。

(3) 比相對總失分（不包括與 D 隊的比分）：A(1 + 5 = 6)、

B(4 + 1 = 5)、C(2 + 5 = 7)，B 失 5 分第 1 名，A 失 6 分
第 2 名，C 失 7 分第 3 名。

表 6-2　四隊循環的比賽結果。

------	A	B	C	D
A	-----	4:1	2:5	4:1
B	A 勝	-----	5:1	4:2
C	C 勝	B 勝	-----	4:0
D	A 勝	B 勝	C 勝	-----

　　算完總場數及週期數後，接下來就來教大家如何排出循環制
賽程。隊數若很少，如三或四隊循環，其實用湊的就可以，比如
A, B, C, D 四隊循環，第一輪 A 對 B，C 對 D；第二輪 A 對 C，
B 對 D；第三輪 A 對 D，B 對 C，4 隊 3 輪比賽完成。但是若隊
伍在六隊以上時，用湊的可能就不太容易了，隊數更多時用湊的
就更困難了。這裡教大家一個簡單的方法，如果是 n 隊比賽，就
畫出(n + 1)×(n + 1)的表格，如下圖四隊的比賽（表 6-3），畫
出 5×5 表格，在第一列、第一行依序寫上各隊代碼。由於 4 隊
要比 3 輪，因此在表格第二列中依序寫上 1, 2, 3，第四行寫出 2,
3。必須要注意的是最後一行，同一隊同一輪不能有兩場比賽，
也就是同一時間不可能跟不同兩隊比賽。由於 A 的比賽已經排

完，此時可依序檢查 B 和 C 的賽程，B 的部分已經有第 1 輪及第 3 輪的比賽，因此最後 1 行填上 2，同樣方法 C 的最後一行填上 1。到此，四隊循環的比賽全部填完，第 1 輪 A 對 B，C 對 D；第 2 輪 A 對 C，B 對 D；第 3 輪 A 對 D，B 對 C。底下再教大家一步一步完成 6 隊的循環賽程。

表 6-3　循環制四隊範例（偶數）。注意最後一行的號碼順序。

------	A	B	C	D
A	-----	1	2	3
B		-----	3	2
C			-----	1
D				-----

舉例：6 隊循環賽程的排法

步驟一：畫出 7×7 的表格，在第一列、第一行依序寫上各隊代碼。

------	A	B	C	D	E	F
A	------					
B		------				
C			------			
D				------		
E					------	
F						------

步驟二：由於 6 隊要比 5 輪，因此在表格中依序寫上 1,2,3,4,5，僅保留最後一行。

------	A	B	C	D	E	F
A	------	1	2	3	4	5
B		------	3	4	5	
C			------	5	1	
D				------	2	
E					------	
F						------

步驟三：檢查各隊還缺哪一輪比賽，填入最後一行。如 B 隊還缺 2，在第二列最後一行填入 2，依此類推在最後一行依序填入 2, 4, 1, 3。

------	A	B	C	D	E	F
A	------	1	2	3	4	5
B		------	3	4	5	2
C			------	5	1	4
D				------	2	1
E					------	3
F						------

所以 6 隊單循環的賽是：第 1 輪 A 對 B，C 對 E，D 對 F；第 2 輪 A 對 C，B 對 F，D 對 E；第 3 輪 A 對 D，B 對 C，E 對 F；第 4 輪是 A 對 E，B 對 D，C 對 F；第 5 輪則是 A 對 F，B 對 E，C 對 D。比賽前只要抽代號，如抽到 A 就要打 A 的賽

程，依此類推。表 6-1 的賽程就是依此表排出的，每天的比賽剛好比 1 輪，每個球隊每天都有比賽，5 天完成 5 輪的比賽。比較一下表 6-1 和 6-3，你可以看出每所學校的代碼嗎？

　　偶數隊的循環制必須注意最後一行要填上的數字，而奇數隊的循環賽就簡單多了。以 5 隊為例，畫上 6×6 的表格，在第一列、第一行依序寫上各隊代碼。接著在第二列 A 的比賽部分，依序填上 1,2,3,4，因為 5 隊要比 5 輪，A 隊比前 4 輪，第 5 輪輪空。接著在第四行、第五行、第六行，依數字順序填上 C、D、E 的賽程。所以 5 隊單循環的賽程是：第 1 輪 A 對 B，C 對 E；第 2 輪 A 對 C，D 對 E；第 3 輪 A 對 D，B 對 C；第 4 輪是 A 對 E，B 對 D；第 5 輪是 C 對 D，B 對 E。好了，你可以說出每一隊在那一輪輪空嗎？

表 6-4　循環制五隊範例（奇數）。

-----	A	B	C	D	E
A	-----	1	2	3	4
B		-----	3	4	5
C			-----	5	1
D				-----	2
E					-----

　　賽程完成後，接下來就是等大家抽籤來決定誰來打哪一個賽程。抽籤通常是在事先公布的時間公開抽出，切勿主辦單位自行決定那一隊打哪一個代碼的比賽，以免有作弊嫌疑。舉例來說，以下的賽程爲成大、台大、清大、交大、中央、中山等六個學校的壘球比賽，很明顯的其中有小小的不對勁，有發現嗎？

表 6-5　成大、台大、清大、交大、中央、中山等六個學校的壘球比賽，其中 A、B、C 爲比賽場地。

時間	A	B	C
10/01 AM09:00-10:10	成-台	清-央	交-山
10/01 AM10:40-11:50	清-成	台-山	央-交
10/01 PM01:30-02:40	成-交	清-台	央-山
10/2 AM09:00-10:10	成-央	台-交	清-山
10/2 AM10:40-11:50	成-山	清-交	台-央

參、淘汰制（Elimination）

一、單淘汰（single elimination）

　　n 隊參加的單淘汰制的總場次數爲 n-1 場，因爲每比 1 場就有 1 隊被淘汰，n 隊須淘汰 n-1 隊才能產生冠軍。例如 20 支隊

伍就要淘汰其中的 19 隊，所以要有 19 場的比賽。但有些賽事
會多一場比賽，那就是季軍戰，而事實上季軍戰的兩隊都已經有
1 敗的戰績了。

　　由於單淘汰是由區塊的勝出隊伍進行下一輪比賽，因此賽程
安排必須採用二分法，例如 32 隊的單淘汰比賽，必須分成 2 個
區塊，每個區塊 16 隊，由每一區塊最後勝出的 1 隊爭奪冠軍。
16 隊在分成 2 個次區塊，每個次區塊 8 隊，依序再繼續分下
去，直到每個小區塊剩下 2 隊爲止。以這樣的分法，就可以知道
如果參賽隊伍是 2 的幾次方，如 2、4、8、16、32、64……就很
容易可以分出這些區塊，而且最後的區塊都會只剩 2 隊。

　　另外，單淘汰賽制必須設種子隊，種子隊通常是依上一屆
成績，或是職業賽中的世界排名來決定，成績愈好種子序就愈前
面，比如說上一屆冠軍或是世界排名第一就列爲第一種子。種子
的設定主要是避免讓較強的隊伍在前面幾輪就要對戰，而是讓強
的隊伍在比賽末段才有碰頭的機會，如此可增加比賽的可看性，
愈到後頭比賽愈精彩。當然種子隊也有優勢，就是在第一輪時會
先對上較弱的隊伍，也就是第一種子會跟成績最弱的對手比賽。
如果淘汰賽沒有考慮種子的問題，比如第一場比賽就把上一屆
冠、亞軍安排在一起，這樣子雖然開幕戰相當精彩，但卻是非常

糟糕的安排方式，會使後續整體比賽的精采度大爲降低。種子的另一個優勢是第一輪可能輪空，也就是沒有比賽，後面會再針對此做說明。

單淘汰賽程要如何決定種子的位置呢？以 8 隊爲例（圖 6-2），最大區塊（共 2 隊）最左邊爲第 1 種子，最右邊爲第 2 種子，有的圖是以最上、最下邊位置來表示。接著第二大區塊（共 4 隊），如果沒有意外，第 1 種子在準決賽對上第 4 種子，第 2 種子將對上第 3 種子；依序下一個區塊（共 8 隊），第 1 種子對上第 8 種子，第 2 種子對上第 7 種子，第 3 種子對上第 6 種子，第 4 種子對上第 5 種子。大家不難發現，第一種子始終是對上該區塊最差的隊伍，而且如果你觀察夠仔細的話，還可以發現每個對戰的種子序和爲 2^n+1，如第二大區塊加起來是 5，第三大區塊加起來是 9。當然如果參賽隊伍是 16、32、64……隊，種子序排法是一樣的（讀者可以試著畫看看）。你也可以發現某些球類比賽，在採用單淘汰時，通常會取 2^n 隊，如 MLB 季後賽取 8 隊、NBA 取 16 隊，世界盃足球賽決賽取 16 隊，職業網球大滿貫參賽選手則爲 128 位等。

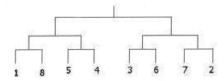

圖 6-2　8 隊的單淘汰賽程圖，第一輪對戰的種子序和為 9。

但是比賽隊數常不會剛好是 2^n，譬如一般大學校內或校際的比賽，比賽隊數相當多，希望比單淘汰但是隊數又不正好是 2^n，這時候該怎麼辦呢？其實，一樣是採用二分法，只是有幾個地方必須注意。首先，隊數如果不是偶數，則分成的兩個區塊隊數最多僅能差 1，譬如 11 隊必須分成 5,6 兩個區塊，不可以分成 4,7，因為這樣不公平，4 隊勝出 1 隊會較另一區塊 7 隊勝出 1 隊佔優勢。另外，奇數隊的區塊必須分到種子序較前面的一邊，如此才能使種子序較前面的隊伍能在首輪比賽輪空。以 14 隊為例，$2^4-14=2$，因此會有兩隊第一輪輪空，二分法如下：

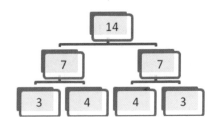

　　請注意到 3 隊的區塊是分到第一與第二種子的一邊，如此前兩個種子的隊伍在第一輪就不會有比賽。種子序也依序填入賽程圖中，如圖 6-3。

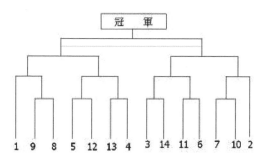

圖 6-3　14 隊的單淘汰賽程圖，第一輪對戰的種子序和為 17。

　　再以 27 隊為例，$2^5 - 27 = 5$，因此會有 5 隊第一輪輪空，二分法如下，讀者不妨自己試著畫賽程圖。

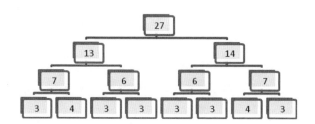

總結上面說明，為增加單淘汰賽的精彩，決定種子的位置就顯得相當重要。種子隊通常是上一屆成績較好的隊伍，或是職業賽世界排名較前面的球員。種子的優勢是第一輪遇到較弱的隊伍或球員，或可能第一輪沒有比賽。但也常見第一種子爆冷門，第一輪就輸掉的，比賽有時就是如此不可預期。

二、雙淘汰（double elimination）

雙淘汰制顧名思義就是輸兩場後就遭到淘汰，因此雙淘汰制有分勝部與敗部的賽程，在勝部中輸了一場比賽就必須落入敗部。在 n 隊參加的比賽中，由於平均每比兩場比賽就會有 1 支隊伍被淘汰，要淘汰 n-1 隊，需總場次數為 2×(n-1)，當敗部冠軍贏勝部冠軍時，兩隊各為 1 敗，有時會加比一場決定總冠軍，因此總場數為 2×(n-1) + 1。現在比較少見安排雙淘汰的比賽了，因為敗部的比賽不好排，而且也不確定比賽的對手，小型的比賽中偶而會有雙淘汰的賽程，比較大型的比賽如棒球經典賽（WBC），則採用修正過的雙敗淘汰制。

雙淘汰制的勝部賽程與單淘汰的排法是相同的，而比較不容易排的是敗部的部分，但是只要能了解敗部賽程的精神，其實也並不是很難。為了不讓整個賽事拖延，勝部與敗部的比賽通常

會同時進行，第一輪落入敗部的隊伍必須立刻在敗部進行比賽，再輸一場的球隊就必須淘汰，而勝出的隊伍則彼此捉對廝殺，再獲勝，才能和在勝部中第二輪比賽中落入敗部的隊伍比賽。筆者常用「以逸待勞」來形容第二輪以後落入敗部的球隊所獲得的優惠，因此，要排出敗部的賽程，就必須先計算出享有「以逸待勞」的隊數。

以前面 14 隊參賽為例，共會有 13 隊落入敗部。由勝部的賽程來看（圖 6-3），第三輪以後的比賽，才確定所有落敗的隊伍都是在第二場比賽後才落入敗部，因此在敗部中以逸待勞的隊伍為勝部決賽和 2 場準決賽的敗隊共 3 隊。接著，在敗部中由外往內依序畫出此 3 隊的位置，由於勝部與敗部是同時在進行，因此愈後面才落入敗部的隊伍，在敗部中會愈晚比賽（這就是筆者所稱的以逸待勞！）。剩下敗部的隊伍為 13-3=10 隊，以單淘汰的方式分為兩個區塊各 5 隊，每個區塊勝出的隊伍要和準決賽落入敗部的隊伍比賽，而這兩場比賽的勝隊再彼此比賽，勝出者才能與決賽中落入敗部的隊伍進行敗部冠軍爭奪戰（圖 6-4）。

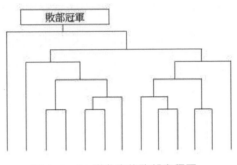

圖 6-4　14 隊參賽的敗部賽程圖。

　　再以較多的隊伍進行雙敗淘汰的演練，首先以 16 隊的比賽為例。由於第二輪後，確定每個落敗的隊伍都是第二場以後的比賽，因此以逸待勞的隊伍為 7 隊，在敗部中由外往內依序畫出這 7 隊的位置，記住長度愈長者是愈後落入敗部的隊伍。如此敗部剩下 15−7 = 8 隊，分成 4 個區塊各 2 隊（圖 6-5）。若是以 27 隊為例，以逸待勞的隊伍同樣為 7 隊 為什麼呢？，敗部剩下 26−7 = 19 隊，分為 4 個區塊各為 4, 5, 5, 5 隊，如此即完成所有賽程的安排。由於雙敗淘汰的賽程較為麻煩，而且也不比預賽分組循環的賽制好，因此較多隊伍參賽的賽事，多已不再使用雙淘汰的賽制了。27 隊敗部的賽程，就留給大家演練囉！

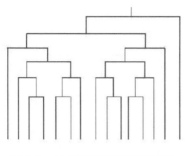

圖 6-5　16 隊參賽的敗部賽程圖。

肆、混合制

目前比較常見的賽制，多是使用混合制：如預賽分組循環（group round robin），決賽單淘汰；預賽單淘汰，決賽分組循環；或預賽分組循環，決賽採用頁程賽制等。

大型比賽由於考量參賽者多，或者比賽是 4 年才舉辦一次，如世界盃足球賽、亞、奧運等，多會採用單淘汰制，可減少比賽總場次（還記得單淘汰的總場次如何算嗎？）。但是好多年才舉辦一次的比賽，單淘汰似乎失去了球技觀摩交流的機會，而且容易不小心爆冷門，因此最常使用預賽循環，若是隊伍少則採用單循環（如奧運的棒球賽），隊伍多則採用分組循環（如世界

盃足球賽），而決賽採用單淘汰，但也有比賽採用頁程賽制，底下會再針對這兩種賽制做比較。另一種混合制是預賽單淘汰、決賽單循環的比賽，雖然可以讓進入決賽的隊伍可以有更多比賽的機會，而且冠軍是由勝場較多的隊伍獲得，因此不會有籤運的問題。但是預賽淘汰還是會有爆冷門的結果，而且決賽採用單循環，通常所有比賽還未結束冠軍就已揭曉，也就是最後一場不是冠軍戰，如此比賽精彩度不足，無關成績的比賽打起來，球員就會有點意興闌珊。早期洲際杯棒球賽還有看過這樣的賽制，但現在這樣的賽程安排已不多見。

　　預賽分組循環最先碰到的問題，就是到底要分成幾組？這個牽涉到總共的比賽場次，一般分組以一組不超過 5 隊為原則，最常見的是 3 隊或 4 隊一組。以 20 隊的參賽為例，若分成 5 組，每組 4 隊，則預賽總共需比 $5 \times (4 \times 3)/2 = 30$ 場；若是分成 4 組，每組 5 隊，則預賽總共需比 $4 \times (5 \times 4)/2 = 40$ 場，兩種不同的分組，比賽場次差了 10 場。當每組隊數愈多時，總場次就會愈多，如分成 2 組，每組 10 隊，則預賽總共需比 $2 \times (10 \times 9)/2 = 90$ 場，最少的情況就是分成 10 組，每組 2 隊，則預賽僅需比 10 場，但每組 2 隊的比賽其實就類似淘汰賽了。

　　預賽分組循環第二個會遇到的問題，就是到底要取幾隊進入決

賽？這牽涉到決賽的總場次。同樣再以 20 隊的參賽為例，若分成

5 組（每組 4 隊），通常每組取 2 名為什麼不每組僅取 1 名呢？，

則決賽共取 10 名，採用單淘汰總場次 9 場，則整個比賽的總

場次為預賽 30 場加決賽 9 場，總共 39 場；若分成 4 組（每

組 5 隊），每組取 2 名，則決賽共取 8 名，採用單淘汰總場次

7 場，則整個比賽的總場次為預賽 40 場加決賽 7 場，總共 47

場。兩種不同的分組，比賽總場次差了 8 場。

　　另外，必須注意的是，如何決定各組勝出的隊伍？通常是以

勝敗場數決定進入決賽的隊伍，勝多敗少進入決賽的機會相對就

較大，如果各組只取 1 名進入決賽，則全勝就確定能晉級。如遇

到勝敗場數相同，則依照前面循環賽制所介紹的規定分出勝負，

必須注意的是這些分組預賽勝出的規定必須在比賽前就已確定，

以避免不必要的紛爭。

　　最後一個必須要解決的便是，決賽中第一輪的對戰組合。

由於預賽晉級隊伍戰績並不相同，以前面所提單淘汰種子序的排

列觀念，通常戰績較好的隊伍在第一輪會遇到戰績較差的隊伍，

以預賽分組循環為例，若是各組取 2 名晉級，則 A 組第一名隊

伍第一輪會對戰到 B 組第二名隊伍，同樣 A 組第二名就會對戰

到 B 組的第一名，如果有更多組，則採用同樣的配對方式。但同樣的，這些賽程必須在比賽前就公佈，因為這會牽涉到進決賽的隊伍在單淘汰的過程中，可能會遇到哪些隊伍，在後面我們會再做詳細解釋。底下我們以分組 8 組的比賽為例（如世界盃足球賽），每組取 2 名進入決賽，決賽的賽程可排出如圖 6-6，請注意 A 組與 B 組晉級兩隊的對戰是在不同的大區塊 為什麼呢？。

如果是預賽採單循環（奧運棒球），取前四名進入決賽，則第一輪比賽，由第一名對上第四名，第二名對上第三名。

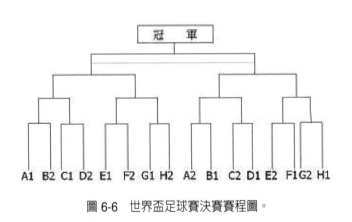

圖 6-6　世界盃足球賽決賽賽程圖。

有些賽程會在預賽完成後，請進決賽各隊派員針對決賽第一輪對戰進行抽籤，通常會請各組冠軍先抽，順序可以猜拳決定；

接著，再請各組亞軍按猜拳順序來抽，但要注意的是第一輪必須與預賽同組冠軍在不同區塊，避免重複預賽的對戰。舉例若預賽4組，每組取2名進決賽，A組冠軍抽在上半區，則A組亞軍只能抽下半區的籤，依此類推。

　　預賽採單循環，決賽採用單淘汰的比賽，會發生對預賽第一名隊伍比較沒有保障的現象。以奧運棒球為例，參賽8隊在預賽中都必須與其他7隊比賽，並取出前四名晉級決賽，2004雅典奧運便發生了一個有趣的現象，當年預賽日本與古巴都是6勝1敗，但因為日本贏古巴，所以分組第一名隊伍是日本，日本唯一輸的一場是敗給澳洲，而澳洲則是以第四名戰績晉入決賽，因此第一輪比賽日本又遇到澳洲。結果又和預賽相同，日本再度輸給了澳洲，因此只能爭取季軍，而澳洲則和古巴爭奪冠軍。當年日本是以職棒明星賽參賽，對於奧運金牌是勢在必得，而預賽也證明了日本確實有奪冠的實力，但可惜決賽第一輪遇上預賽唯一輸的隊伍，只能怪日本運氣不好。但是這樣的現象如果採用頁程賽（page system）就不會發生了。

　　所謂頁程賽制，有點類似挑戰賽，以四隊晉級為例，第一輪比賽由第三名對上第四名，第一名對上第二名（圖6-7），第三名對上第四名的敗隊則為殿軍，勝隊則晉級挑戰第一名對上第二

名的敗隊，這一場比賽敗者為季軍，勝者繼續挑戰第一名對上第二名的勝隊，決定冠、亞軍。和採用單淘汰的賽程比較，以場數來算單淘汰要比 4 場（包含季軍戰），而採用頁程賽則一樣要比 4 場，但是對預賽前 2 名的隊伍來說，即使輸了第一場比賽，還是有機會得到冠軍，這等於保障預賽成績較好的隊伍。以先前提到 2004 雅典奧運棒球為例，若是決賽採頁程賽，日本將與古巴對戰，加拿大與澳洲對戰，則日本遇上澳洲的機會就不大，除非日本輸給古巴，而加拿大又輸給澳洲，但這樣的對戰結果都是和預賽結果相反的。由以上的分析可知，頁程賽保障了預賽成績較好的隊伍，可增加預賽的精彩度，因為每一隊都會盡可能在預賽拿到好成績，而不是只要晉級就好。如果要說頁程賽有何缺點，那就是第一名和第二名可能會遭遇 2 次，或是比賽必須打 3 輪

，比起單淘汰來說，比賽時間會拉長。

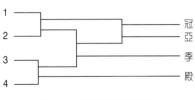

圖 6-7　頁程賽賽程圖。

其實賽程安排還有其他方式，但是在本章中我們僅介紹幾種常見的賽制，而到底要採用哪種競賽制度，則需要考慮以下幾點：如運動項目的特性、參賽隊伍的多寡、場地設備的條件、時間、經費、裁判、工作人員的資源等。簡單的賽制選擇可依參賽隊數決定，如參賽隊伍只有兩隊時，通常採取三戰兩勝制，報名三至四隊時，可以採單循環制比賽，報名隊伍超過五隊時，可採預賽分組循環，決賽單淘汰制。這是一般常見的選擇方式，但是如果有特別考量，或是場地、時間、預算足夠的情況下，也可採用適當的賽程。

伍、著名比賽所採用的賽制

接下來再舉幾個國際大型比賽或職業賽的賽程。

一、職業網球大滿貫賽

共 128 名選手參賽，採單淘汰賽制，種子序（第 1 到第 32 種子）是依最新世界排名決定，種子序的排列位置就如前面介紹單淘汰賽制所使用的規則。前面種子的選手通常在第一輪會遇上會外賽打進來的選手或是外卡選手。

　　參賽隊伍必須由分區預賽取得參賽資格，共 32 隊晉級該屆比賽。預賽時分爲八組 A～H，每一組有四支隊伍，首先會讓上一屆的前四名分在不同的組別，以確保不會提前遇到，其餘的 28 隊則直接抽籤決定組別，所以就會有所謂的「死亡之組」，意思就是該組四支隊伍中都是典型足球強國，比賽會格外吸引目光焦點。世界盃足球賽預賽採循環制，可以有平手的狀況，決賽時採單淘汰制，決賽不會有平手的狀況發生，一定要分出勝負，規定時間及延長加賽後還是平手，則採用 PK，各隊派出 5 位選手，以踢 12 碼罰球決定勝負。

　　注意一下決賽單淘汰第一輪的對戰組合（圖 6-6），分組第 1 名將遭遇他組的第 2 名。我們可以發現 A1、B2 的對戰與 A2、B1 的對戰，是分在不同的兩個大區塊，這樣的安排是因爲不希望出現預賽時就有出現過的對戰組合，不同的對戰組合可增加比賽結果的不可預測，精彩度相對提升。有趣的是，當賽程安排出來時，各隊伍也可以考慮戰術安排，不一定要爭分組第一晉級，因爲可能在該區塊會提早遭遇到實力較強的對手，因此會以分組第二從另外一個區塊晉級，等決賽時才會遇上不想要提前對決的

隊伍。譬如，巴西是公認的強隊，假設預賽巴西分在 A 組，可以預測的巴西必定會以 A1 晉級決賽，因此其他隊便會盡可能不要晉級在同一區塊，如 B2、C1、D2……等，也就是如果預賽在 C、E、G 組，就可能會策略性取得第 2 名，以避開巴西隊。但是由於現今各隊實力相近，有時過於策略性，可能不小心就會被淘汰出局，當然這都是世界盃足球賽好看的地方，這也是為什麼 2010 年的比賽，「章魚哥」的預測會如此地令人津津樂道！

三、棒球經典賽

　　世界棒球經典賽（WBC），是採用雙淘汰賽制，比較不一樣的地方是，勝部冠軍與敗部冠軍的勝隊即為分組冠軍，不需要加賽 1 場 記得為什麼要加賽 1 場嗎？ 。第二屆的世界棒球經典賽，出現了一個奇怪的現象，也就是日本與韓國居然從預賽到決賽，總共對戰了五次之多，包含預賽對戰兩次，複賽日、韓又分在同一組（這是很奇怪的分組方式），最後還是由日、韓晉級最後的決賽，決賽採單淘汰，日、韓在分別擊敗對手後，在冠軍決賽又對戰了一次，最後由日本衛冕冠軍。有趣的是在這 5 次對戰中，日本取得 3 勝 2 敗的戰績，獲得冠軍可說是實至名歸。

　　賽程安排原則上應該要讓不同隊伍遇上的機會變高，而不是一直讓同樣的對戰組合出現，如同我們在世界盃足球賽所討論的，也就是日、韓在取得預賽晉級時，就應該在複賽中分在不同的組別，以避免重覆的對戰。不過如果仔細看棒球經典賽的賽程就不難看出端倪，由於經典賽的主辦國家是美國，為了避免在複賽遭遇傳統棒球強國，如古巴、日本、韓國等，因此就將這些強隊都分在同一組捉對廝殺（這是筆者的猜測！）。

四、洲際杯棒球錦標賽

　　2010 年的洲際杯棒球錦標賽，預賽時分兩組循環（每組五隊），決賽時每組取前三名，與另外一組前三名再打循環賽，但預賽的對戰成績必須保留到決賽。若是以 10 隊單循環，共需比$(10 \times 9)/2 = 45$ 場比賽，但採用這種雙循環賽制，則僅須要比$2 \times (5 \times 4)/2 + (6 \times 3)/2 = 29$ 場比賽 為什麼呢？，差了 16 場。這種雙循環比賽，優點在於可以充分發揮每一隊的實力，因為比賽場次多，比較不會有爆冷門的狀況發生，但是缺點在於最後一場比賽有可能就不是冠亞軍之爭，因為有可能積分高的隊伍在某一場比賽結束後已經確定提前封王，後面的賽程也就沒那麼吸引人了。

五、美國職棒大聯盟 MLB（Major League Baseball）

美國職棒大聯盟分為美國聯盟與國家聯盟，兩個聯盟最大的差異就是國家聯盟的投手必須上場打擊，而美國聯盟則採用指定打擊（Designated Hitter, DH）（2022年起MLB已全面採DH制），如王建民在洋基隊（美國聯盟東區）時，通常不用上場打擊，除非遇到跨聯盟的比賽且是客場條件則必須上場打擊，還記得嗎？王建民就是與太空人那場比賽中，因為跑壘關係扭傷腳踝，以致於造成隔年復出後，造成嚴重的肩傷（我們在棒球那一章，會說明發生這種現象的可能原因）。

MLB 每個聯盟又分為東區、中區及西區，每區約有 4 到 6 隊，球季的正規例行賽，除各區球隊循環賽打規定的場次外，還需要有跨區和跨聯盟的比賽，這些賽程安排每年都不太相同，也因為如此會發現某些隊伍在例行賽中是完全沒有遭遇過的，但卻可能在季後賽遇到。每隊在整個球季須完成 162 場的比賽，季後賽共取 8 隊晉級，除各區取戰績最佳的隊伍外（勝率最高者），每個聯盟還可有 1 隊取得外卡資格，所謂外卡指的是各區第二名的隊伍中勝率最高的隊伍（2012 年後則是兩個聯盟各取 2 名外卡，加賽 1 場決定最後由誰取得外卡資格）。每個聯盟季後賽第

一輪的對戰組合是勝率最高隊伍對上外卡，勝率第 2 高遭遇第 3 高的隊伍 為什麼呢？，但如果外卡與勝率最高的隊伍在同一分區，則改與勝率第二高的隊伍對戰（這和世界盃足球賽決賽的賽程安排考量是一樣的喔！）。

　　除第一輪採用 5 戰 3 勝外，各聯盟冠軍賽及世界大賽都是採用 7 戰 4 勝。主場部分，勝率較高者取得主場優勢，以 5 戰 3 勝為例，前 2 場及關鍵第 5 場為主場，而 7 戰 4 勝，則是前 2 場及 6, 7 場為主場。世界大賽則是以該年度明星賽獲勝的聯盟取得主場優勢。

六、美國職籃聯賽 NBA（National Basketball Association）

　　美國職籃聯賽分為東、西兩區，每區再分為 3 組，每組由 5 個隊伍組成，所以總共有 30 個職業球隊參與。每個隊必須與同組的其他 4 隊比 4 場（合計 16 場），與同區不同組的其他 10 隊中的 6 隊比 4 場（合計 24 場），另 4 隊比 3 場（合計 12 場），在和另外一區的 15 支球隊各比 2 場（合計 30 場），所以每個隊例行賽總共要比 82 場（16 + 24 + 12 + 30 = 82），其中 41 場在主場，另 41 場在客場比賽。讀者不難發現，NBA 的每

一隊在例行賽都必須和其他球隊交手，這和 MLB 不太相同的。

　　季後賽每區取 8 名晉級，進行 7 戰 4 勝的單淘汰賽。2015年起，晉級的8隊是按照戰績決定排名，分組冠軍不再享有優勢。2021年的季後賽，新增附加賽制，由第7～10的四支球隊，以類似頁程賽制決定第7和第8種子。各區季後賽打三輪決定各區的冠軍，最後一輪兩區的冠軍比總冠軍。第一輪由第一種子對上第八種子、第二種子對第七種子、第三種子對上第六種子、第四種子對上第五種子，其種子的位置請參考前面提到的單淘汰賽制。NBA 會上演所謂的「老八傳奇」，指的就是第八種子球隊在第一輪將第一種子球隊淘汰。

　　季後賽主場優勢是由例行賽的勝率來決定，NBA的主場優勢和MLB略為不同，採用7戰4勝2-2-1-1-1的賽制，取得主場優勢的隊伍將在第一、第二、第五及第七場在主場出賽，其餘各場在客場出賽。

重點複習

1. 請就上場人數、是否隔網、場地特性、使用器材、規則等，來說明各類球類運動的差異？請舉例說明。

2. 參賽隊伍為 n 隊的比賽，若採用單循環賽制，共要比幾場？若採用單淘汰賽制，共要比幾場？若採用雙淘汰賽制，共要比幾場？

3. 採用循環賽制，如何決定名次？

4. 淘汰賽制中的種子如何決定？種子的優勢是甚麼？在賽程表中的位置應如何決定？

5. 採用預賽分組循環、決賽單淘汰的賽制，必須考量到那些因素？

6. 混合制決賽採用單淘汰與頁程賽的差異在哪裡？

Chapter 7

棒球
(Baseball)

壹、前言

　　如果說桌球是中國大陸的國球，那棒球絕對可以稱為是我國的國球。從民國五〇年代紅葉少棒，金龍少棒在威廉波特首次拿到世界冠軍，接著民國六〇年代三級棒球，青棒、青少棒、少棒三冠王，到民國七〇年代成棒在 1984 洛杉磯奧運獲得銅牌（當時棒球還是表演賽，直到 1992 巴塞隆納奧運才成為正式項目），更多次在洲際杯等國際比賽擊敗棒球強國古巴，1992 巴塞隆納奧運連續兩次擊敗日本隊為中華隊取得一面銀牌。中華職棒也在民國 79 年成立，當時的台北市立棒球場，只要是兄弟象的比賽必定爆滿，觀眾席上玩起波浪舞更是當時現場觀看球賽的最大樂趣。

　　棒球會如此吸引人不是沒有道理。雖然球類運動都是以分數高低決定勝負，但是大部分球類運動不是以限制的時間內結束比賽（籃球、足球等），就是先達到限制的分數結束比賽（排球、桌

球、羽球等），而棒球則相當特別必須每隊完成 9 局每局 3 人出局，比賽才能分出勝負，某些比賽則可能 7 局提前結束（call game）。因此，我們常以「球是圓的」來形容棒球比賽結果的不可預測，如未到 3 人出局，各種可能的變化都會發生，特別是在分數相當接近的情況，因而增加了比賽的精彩度。

除了結果的不可預測外，各種不同戰術的應用也常是球迷們津津樂道的，日本棒球的球風相當細膩，常利用各樣不同戰術取分，打帶跑、犧牲短打、強迫取分，教練對於投手的調度，投、捕配球策略、戰術暗號的下達等，除了球技外，兩隊也彼此在鬥智。本章中，我們將對於這些棒球的特性，做詳細的分析，讓大家能夠對棒球運動更加瞭解，並能和別人大談棒球經。

貳、棒球守備位置與打擊順序

一、守備位置

棒球比賽每隊先發球員為 9 位，業餘成棒或職棒則多了一位指定打擊（DH, Designated Hitter）代替投手上場打擊，當然有些職棒聯盟投手還是必須上場打擊的，如 MLB 國家聯盟（2022 年起 MLB 全面採 DH 制，但先發投手和 DH 可以是同一

人，此應是為二刀流日本選手大谷翔平所設，又稱為大谷條款）或日本的中央聯盟。棒球的守備位置依編號順序依序為①投手（pitcher）、②捕手（catcher）、③一壘手（first baseman）、④二壘手（second baseman）、⑤三壘手（third baseman）、⑥游擊手（short stop）、⑦左外野手（left fielder）、⑧中外野手（center fielder）、⑨右外野手（right fielder）。除了投手與捕手之外，其餘野手站的位置沒有特別規定，但通常一壘手會站在一壘壘包旁，二壘手會站在一、二壘之間，三壘手會站在三壘壘包旁，游擊手會站在二、三壘之間，而三位外野手則分別站在外野區的左、中及右位，野手會因打擊者的打擊習性、策略需要及其他野手的守備能力來調整自己的站位。瞭解守備位置的代號，有助於我們看懂比賽轉播時，打擊者的打擊紀錄或是球評的報導，比如一壘有人的情況下，打者擊出三壘方向的滾地球，三壘手接到後策動「5-4-3」的 double play，此指的就是三壘手將球傳給二壘手踩上二壘壘包後，再快傳一壘完成雙殺，「5」指的是三壘手，「4」指的是二壘手，「3」指的則是一壘手。

> **YouTube Keywords**：MLB top plays、MLB 精彩美技。
>
> **推薦影片**
>
> ■這裡有許多 MLB 的精采美技，大家可以慢慢觀賞。

二、打擊順序

打擊方面，球隊在比賽前必須繳出打擊順序，由第一棒依序到第九棒。通常前面棒次都是安排打擊能力好的球員，而第一棒又稱為開路先鋒，必須要有很好的選球能力，而且必須要有速度，前兩棒的打擊者就是力求上壘。第三、第四、第五棒是中心打者，不但要有高的打擊率，而且要有長打，尤其是擊出全壘打（home run）的能力。第四棒是球隊具有打點能力的打者，也就是說前三棒若能上壘，第四棒的任務就是擊出滿貫全壘打（grand slam home run）灌進 4 分。第 5 棒的打者則是掩護第 4 棒，舉例來說如果二、三壘有人，輪到第四棒打擊，如果第五棒的打擊率相當高，則投手通常會選擇與第四棒硬拼，而不是保送第四棒來對付第五棒。當然，如果第四棒沒有擊出安打，則第 5 棒就要盡到打點的責任。後段棒次通常打擊能力較差，但是在 MLB，即使是後段棒次打擊能力還是不容小覷。若投手必須上

場打擊，通常會排在第九棒，一般投手的打擊較差，被三振或刺殺出局是很正常的，但是壘上若有人時，投手通常會以犧牲觸擊將跑者推進一個壘包。

參、投球

一、投球動作（pitching）

如果讀者有機會到棒球打擊場玩九宮格投球機時，會發現不管你如何用力投球，球速始終無法突破時速 110 公里，如果是學校系隊等未受過正統投球訓練的投手，也許可以投出時速 120 公里左右的球，但是職棒投手動者投出時速 90 英里（MPH, miles per hour, 約 144 公里）以上的快速球（大家都習慣以 90mi 稱之），有的投手甚至可投出 100mi（約 160 公里）的快速球，這到底是如何辦到的？有強壯的肌力就一定能投出那樣的快速球嗎？答案是不一定。當然，肌力是必要的條件，但是具有絕佳的協調性，才是能投出如此快速球的關鍵因素，此協調性與生物力學所謂的「動力鏈原理」是相關的。

（一）動力鏈原理（kinetic link principal）

動力鏈原理簡單的說就是：動作過程中人體近端肢段[1]最先用力加速，當近端肢段減速時，遠端肢段開始加速，如此序列性的用力模式，便能使末端肢段達到最快的速度，此又稱為角動量傳遞（圖 7-1）。以投手投球動作為例，力量的啟動是由腿部蹬地取得地面反作用力開始，並一路由腿→軀幹→上臂→前臂→手

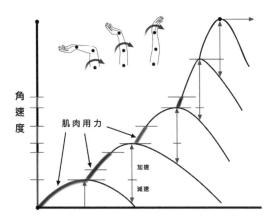

圖 7-1　動力鏈原理的示意圖。近端肢段先用力加速，接著在減速同時，相鄰的遠端肢段開始加速，如此序列性的用力模式，便能使末端肢段達到最快的速度。圖中加粗線為各肢段肌肉用力，倒 U 曲線代表肢段先加速再減速。由圖上方的示意圖可以看到在動作過程，旋轉軸位置由近端轉移至遠端，使整體肢段的轉動慣量變小，轉速增加。

腕→手指→球。在大腿停止加速旋轉時，軀幹開始加速旋轉；在軀幹減速時，大手臂開始向前旋轉；大手臂減速時，小手臂開始加速揮動，最後扣腕將球投出。這也是為什麼投手必須要做腿部肌力的訓練，投手有好的下盤，才有辦法有效啓動較大的力量。王建民當初腿部受傷時，雖經過復健恢復，但是腿部肌力顯然還不如之前的最佳狀況，投球時為了投出更快的球速，只好倚重上半身來取得力量，這種代償動作最後造成了肩關節的嚴重受傷。幸好國民隊慧眼識英雄，在王建民復健過程中，並未讓建仔貿然上場投球，等到身體的所有狀況都恢復時，才從較少的球數開始投起，王建民也沒有辜負國民隊的栽培，復出後也投出不錯的佳績。

當然，除了投球動作會使用到動力鏈原理外，還有許多運動的動作技術都是和動力鏈原理有關，想想看有哪些呢？

YouTube Keywords: sport science baseball pitch.

■ Sport Science: Aroldis Chapman.

（二）投球的分期

　　為了對動作進行研究，利用動作過程中某些關鍵動作發生的時間點，對該動作進行「分期」，是動作的描述及分析常使用的方式。投球動作大致可以分為六個時期（圖 7-2）：(a)抬腿（windup phase）(b)跨步（stride phase）(c)手臂上舉（arm cocking phase）(d)手臂加速（arm acceleration phase）(e)手臂減速（arm deceleration）(f)收尾（follow-through phase）。六個時期分別代表投球動作六個不同的階段，「抬腿」指的是從起始姿勢到跨步腳的膝蓋抬到最高點的過程，在這個階段中，投手把身體的重心移到支撐腳，同時也將重心提高；「跨步」指的是跨步

(a)　　(b)　　　　(c)　　(d)　　(e)　　(f)

圖 7-2　投球動作大致可以分為六個時期（由左到右）：(a)抬腿（windup phase）(b)跨步（stride phase）(c)手臂上舉（arm cocking phase）(d)手臂加速（arm acceleration phase）(e)手臂減速（arm deceleration）(f)收尾（follow-through phase）。

腳開始向前跨出，直到踏到地面的過程，投手從此階段開始增加身體的動力，利用支撐腳的推蹬和跨步腳由上而下、由後向前的擺動增加身體的速度；「手臂上舉」指的是前腳著地後，到投球手臂的肩外轉角度[2]達到最大值時，此一階段延續從下半身傳來的動力，投手開始利用軀幹的旋轉和前傾，帶動投球手的上臂向前移動；接著投球動作進入「手臂加速」期，投球手從肩膀、上臂、前臂、手腕、手指依序施力，像鞭子一般將力量從身體傳到棒球上，直到球從指尖離開。球出手後，投球動作隨即進入「手臂減速」期，這個階段的過程時間十分短暫，只從出手到肩內轉產生最大角度為止，過程中手臂從出手時的伸展狀態又開始彎曲；最後的「收尾」期，這一時期中，為了讓投球動作停止，手臂會順著原本的揮臂路徑繼續運動，配合軀幹的旋轉，慢慢將手臂的動能減小而結束投球動作。

二、各種球路介紹

在觀看棒球比賽時，常聽到球評提到投手的各種球路，如四縫線、二縫線快速球、或滑球、伸卡球、蝴蝶球、指叉球、變速球等變化球。不同的球路，在投球的前期基本上是一樣的，差別則在揮臂動作、扣腕、手指施力於球體與握球方式的不同，是造成不同球路的主要原因。

（一）快速球（fast ball）

以快速球為例，球出手時由於握球方式以及離手瞬間，手指向下施力於球體，造成球離手後以後旋（back spin）的方式飛行，如果麥格拉斯效應發生作用時，球體就會受到升力的作用 為什麼呢？。快速球的握法有兩種，一種是手指與縫線方向交錯握球（cross the seam），如此握法從打擊者來看，每轉一圈會看到四道縫線，所以握法的投球又稱為四縫線握法（圖7-3），投出的快速球稱為四縫線快速球；另一種握法是手指沿著縫線方向握球（along the seam），如此握法從打擊者來看，每轉一圈會看到二道縫線，所以握法的投球又稱為二縫線握法（圖 7-3），投出的快速球稱為二縫線快速球。不同的握法，由於每轉一圈的縫線數不同，造成空氣阻力不同。因此四縫線快速球飛行時所受到的空氣阻力較小、球的速度較快，且因為升力作用，球路令打者有上飄的感覺，但事實上並不是真的上飄（因為此升力並未大於重力的作用），只是下降的幅度沒有那麼大。二縫線快速球所受到空氣阻力較大、升力也較小，因此進入本壘板有較大的掉落幅度，投手通常搭配二縫線旋轉的球，使打者無法抓準打球的時機和擊球點。

棒球

圖 7-3　四縫線快速球（左圖）和二縫線快速球（右圖）握法。

（二）曲球（curve ball）

曲球握球方式如圖 7-4，在出手前食指與中指在球的上方向前施力，使球產生上旋（top spin），旋轉的速度是所有球種中最快的，由於球速較慢（大約是時速 70 英哩）加上向下的麥格拉斯力作用，使球產生大幅度的掉落，打者不太能跟到球的行進軌跡，以致常造成揮棒落空。如果投手曲球控球夠好，其實會是相當厲害的武器。

圖 7-4　曲球握法。

163

（三）伸卡球（sinker）

伸卡球又稱為下沉球，是由二縫線快速球的變化而來，和二縫線快速球不同的是，投手在球離手之前（以右投為例），食指會用力向下扣球，造成球的側旋，旋轉方向是由一壘方向往三壘方向旋轉，因此受到麥格拉斯力作用，球進入本壘板會由一壘方向往三壘方向產生偏移，加上二縫線球的掉落效果，因此對於右打者而言，球是往打者內側跑並且會下掉，而偏移大小和下掉幅度，會和食指是否扣在縫線上，食指施力大小有關。由於伸卡球具有一定的球速，以王建民為例可投出 90 英哩以上的伸卡球，因此即使打者知道投手要投伸卡球，但由於無法準確預測球下掉的幅度，常只能打中球的上方，造成滾地球，這也是為什麼伸卡球的投手，常能造成打者擊出滾地球出局。當然內野守備必須能配合，如此投手便能在節省球數的情況下完成出局數，增加先發的局數。不過，如果伸卡球下掉幅度不明顯，對於大聯盟的打者而言，一旦失投的伸卡球被鎖定，那就要挨轟了。

（四）滑球（slider）

滑球的握球方式與曲球略同，不同的是出手前使球旋轉的方式不同，以右手投球為例，在球出手瞬間食指與中指在球的右側

方施力，使球產生由三壘方向向一壘方向的旋轉，由上往下看球是以逆時針方向旋轉。因為球的旋轉所產生的麥格拉斯力，為使球產生往一壘方向的偏移，對右打者而言，滑球在進入本壘前為往打者的外側偏移。滑球也屬變化球種，以大聯盟的投手來說，時速約將近 90 英哩，少數快速球能投到 100 英哩的投手，甚至能投出球速 95 英哩的滑球，正因為滑球所具有的速度，常使打擊者誤判為快速直球，等出棒後才發現球往外側偏移，但為時已晚。如果投手的滑球能夠控制到削到好球帶外角，那是相當可怕的！有時候為了引誘打者出棒，滑球的進壘點會明顯偏向外側，對打者來說看起來像是快速的正中直球時，常會忍不住出棒，造成揮棒落空。

（五）蝴蝶球（knuckle ball）

蝴蝶球或稱為彈指球，球出手瞬間食指與中指（有時會加上無名指）會施力將球彈出（圖 7-5），因此球離手後不太會旋轉，理想的彈指球在離手到進入本壘板大約只轉了 1 圈半到 2 圈，因為球幾乎不會轉，縫線位置的變化使流經的氣流造成球體兩側的壓力差，由於縫線變換位置不一，球的兩側壓力差隨時在改變，造成球前進的軌跡很難預測，球的飛行就像蝴蝶一樣，因

此又叫做蝴蝶球。蝴蝶球的特色就是投手無法控制或預測球飛行的軌跡，捕手無法確實接到球，而打擊者則是揮棒落空。由於蝴蝶球無法確定的軌跡，捕手接球就像是在抓蝴蝶一樣，因此需要特定的捕手來接捕。蝴蝶球的球速較慢，所以蝴蝶球的投手通常不容易受傷，投球壽命較長，但是因為球速慢，所以常會造成跑者盜壘的機會。

圖 7-5　蝴蝶球握法。

（六）變速球（change up）

乍聽到變速球，常會令人誤解為變速球是球投出後在飛行途中，球速會突然變慢，因而使打者無法掌握擊球時機，造成提早揮棒。但這是錯誤的觀念，事實上變速球投球過程中揮臂動作和快速球是幾乎一模一樣，但由於握球方式不同（圖 7-6），造成球的旋轉數較少，飛行過程中受到較大的空氣阻力，使球速

變慢。好的投手在投變速球的時候，其投球動作和快速球是一樣的，由於打者常根據投手揮臂動作，來判斷該球是快速球或較慢速的變化球，而變速球正因為如此可以矇騙打擊者，讓打擊者誤判球的速度，而使出棒時間提早，等到發現球還沒進來，球棒通常會來不及收回而造成揮棒落空。但是變速球投得不好，譬如為刻意使球變慢而使揮臂動作減慢，這是無法騙過打擊相當有經驗的大聯盟強打者，因此挨轟是必然的結果。擅長投快速球的投手，如球速可達時速 95 英哩以上，搭配一顆球速 85 英哩的變速球，通常很容易讓打者揮棒落空。

圖 7-6　變速球常見的 OK 球握法（左圖）和五爪蘋果球握法（右圖）。

（七）指叉球（forkball）

指叉球是把球夾在食指與中指之間（圖 7-7），使球出手時不太旋轉，出手時球速很快但是到本壘時球卻會往下掉。另一種

為快速指叉球（圖 7-7），出手時會使球產生上旋（topspin），使球在進入本壘板前會急速掉落，但球速卻比曲球快。快速直球搭配指叉球，也常會誘使打者出棒揮空。

圖 7-7　指叉球（左圖）與快速指叉球（右圖）的握法。

YouTube Keywords：運動科學大調查-棒球 2、Breaking Ball。

推薦影片

■MLB最變態球種大集合。

三、各種球路球的轉速

日本學者曾做過研究[3]，以高速攝影機拍攝並分析各種球路球的旋轉速度：曲球為每秒 42 轉最快、滑球為每秒 39 轉、四縫線快速為每秒 34 轉、二縫線快速球為每秒 30 轉、變速球

爲每秒 28 轉、指叉球爲每秒 9 轉、蝴蝶球爲每秒 4 轉。當然，每位投手投出各種球路的質量是不相同的，但原則上球旋轉速度的快慢次序是較爲一致的，也就是曲球最快，最慢是蝴蝶球，而變速球的轉速則略小於快速球。

四、球質重和球質輕

投手常因爲投球質量不同，可分爲球質重與球質輕的投手。對打擊者而言，球質重的投手，所投的球通常不容易打得遠，打到球的感覺是球相當重，就像打到保齡球一樣。而球質輕的投手，雖然可能有相當快的球速，但是由於球質較輕，常容易被擊出深遠的球。有研究曾經比較過球質重與球質輕的投手，投球出手後球的速度與球擊到測力板的力道來作比較，發現並沒有明顯差異，也就是說球質輕或重似乎與球速無關，也與球撞擊球棒的力道無關。

根據打者描述球質重的球路，可以發現球質重的球似乎不太容易掌握到擊球點，或者說無法確實以球棒甜區的位置擊到球（有關甜區的觀念在球類運動器材中會有詳細的介紹！）。因此，我們推測球質重的投手，投出的球在進入本壘前會有較大的偏移，而且球本身應該具備較大旋轉的能量，因此不容易將球有

效擊出，或是打到球時手會覺得麻麻的。王建民的伸卡球，被打者形容為好像打到一顆保齡球一樣，便應該是伸卡球有較大的偏移，因此無法以球棒的甜區擊到球，造成球質重的感覺。但是也有人說球質重的投手，捕手接到球時，也會感到球較為沉重，加上球質重的投手通常頓位較大，因此所謂球質重或輕，也有可能只是打者一種主觀的認知罷了！

肆、打擊

一、判別時間和揮棒時間

　　如果你是一個標準的棒球迷，或者可能你也曾經打過幾場不是那麼正式的球賽，那你在觀賞棒球比賽時，應該常會有這樣的疑惑或評論：「哎喲！這麼明顯的壞球也在打……；吼！這麼紅中的球竟然站著被三振……；拜託，又被三振，我看是 k 金戰士，不是黃金戰士吧……，如果是我的話，這麼甜的球我一定能打出安打的。」你會有這種感覺是正常的，但是如果你能知道一個好的打者是如何在投手投出球後的短暫時間內，做出正確的決策，並能有效的擊出球，你可能就會有不一樣的體認了。

投手球出手到進入本壘板的距離約是 18 公尺，以時速 140 公里的球速為例，所花費的時間大約是 0.46 秒，打者若要確實擊中這顆球，則其決策時間（決定要不要打，觀察球路決定擊球點等所花的時間）、反應時間（從決定要打到開始啟動球棒為止）和動作時間（球棒啟動到擊到球的時間，此和揮棒速度有關）必須剛好在 0.46 秒內完成。在不考慮反應時間的情況下，如果打者的揮棒速度愈慢，決策時間就會愈短，或者說在球離本壘板愈遠的情況下就必須啟動球棒擊球，如果球進入本壘板前才開始啟動揮棒，擊球的時機就會太晚。舉例來說，面對時速 140 公里的球，如果打者的動作時間是 0.3 秒，則球在距離本壘板約 11.6 公尺就要啟動揮棒；如果打者的動作時間是 0.2 秒，則球在距離本壘板約 7.8 公尺就要啟動揮棒，否則是打不到球的。但是要注意的是，前面的舉例並未考慮反應時間，和空間上正確的擊球點，而且球速愈快，決策時間勢必被壓縮，啟動球棒擊球就要更提早，加上投手可能投出滑球、伸卡球等進入本壘板前才會偏移的快速球，及具有明顯速差的變速球，對於打者而言，要確實擊中球更是難上加難。

　　但是，大聯盟的強打者，卻常能將一顆時速 150 公里以上的快速球轟出全壘打牆，或是準確抓到變化球的擊球點擊出安

打，不得不讚嘆這些大聯盟打者的打擊技巧，在如此短的時間就能完成決策，並且正確完成任務，所以有誰還敢說運動員是頭腦簡單、四肢發達。

YouTube Keywords：Baseball reaction time，運動科學大調查-棒球2。

推薦影片

■ FSN Sport Science - Episode 3 - Reaction Time - Steve Finley

二、打擊決策

有經驗的大聯盟打擊者是如何在這麼短的時間完成正確的決策？他們到底是根據哪些資訊來提供大腦做出決策的呢？其實在站上打擊區之前，打者即已開始在蒐集資訊，包含投手的擅長球種、好球率、配球策略、場上守備位置、壘上是否有人、現在的球數等，當投手準備投球時，打擊者會先鎖定要打擊的球種（如快速球）、觀察投手揮臂動作與速度、握球方式、球的旋轉等（有經驗的打者，在非常專注的情況下，通常可以感覺到球變大顆、球速變慢、也能清楚經由縫線看見球的旋轉）。因此，打者必須相當專注，所以棒球場外野看台中央，通常是在計分板的位

置底下，是沒有設置觀眾席的，因爲如果有人走動，就會影響到打者的專注力，當然如果投手準備動作過久，打者也會要求比賽先暫停，因爲專注力一旦無法集中，通常就會影響到打擊表現。

如果你想試試你的決策能力與打擊技巧，給你一個建議，可以到棒球打擊場，選擇一個 140 公里的球道，好好的體驗一下吧！相信你體驗過後下次看球時，你就不會再說：「這種球也在打！」或是「這麼紅中的球爲甚麼不打，如果是我的話……」。

伍、盜壘

所謂盜壘是指壘上的跑者不因投捕的暴投、捕逸、傳球失誤或是打者的打擊而進佔下一個壘包。當然，這是一個有出局風險的動作，賭的是盜壘者和防守方的傳球誰會先到達下一個壘包。盜壘絕大多數是趁投手投球的時候，也有少數情況是發生在捕手接球回傳給投手時。一個好的盜壘者很顯然必備的條件就是速度，然而速度並不是唯一條件，成功的盜壘還包括一些比較隱性的因素，比如說離壘的距離、對投手投球節奏的掌握、對投捕配球的預測（變化球球速較慢，可以替自己爭取到多一些時間）、滑壘的技巧等等。所以相對來說守備方的投捕也會做出一

些應對以避免跑者太容易盜壘，像是投手會適時對跑者投出牽制球，以防止跑者離壘過遠，或是改變啓動投球的節奏讓跑者不容易抓起跑時機，甚至當投捕手覺得當時的情況跑者很有可能會發動盜壘，還可能會配一顆快速球在偏高、偏外側的位置（pitch out），讓捕手接球後可以順勢傳球阻殺盜壘者。

　　然而，盜壘的攻防雖然很精彩刺激，這樣的積極進攻方式對球隊是否眞的有利？由於一場比賽一隊只擁有有限的 27 個出局數，盜壘成功固然能夠增加得分的機會，但若失敗不但得分機會降低，還浪費掉了一個出局數，這樣的代價對球隊的得分來說到底划不划得來？這可能就要教練在比賽中，就各項因素做綜合考量了，並於適當時機下達盜壘戰術。

YouTube Keywords: stealing a base.

■ Sport science: Stealing a base.

陸、暗號（sign）

　　前面提過棒球不單單是在比技術，也是一場鬥智的競賽，這其中包含投捕配球策略、各樣戰術下達等。爲了不讓對手識破各樣戰術，球隊教練團都會有屬於自己的暗號。

　　球場上常見的暗號有兩種，一種是每一次投球前捕手給投手的暗號，捕手通常會以右手（左手持手套）在蹲下的兩腿之間比出手勢，每個手勢代表一種球路，如比 1 是快速球、比 2 是曲球等，而手指朝左擺動，表示球投到內角（對右打者而言），這時會看到投手做出搖頭或點頭的動作，表示不同意或同意補手的配球。有時會看到捕手朝休息區看了一下才向投手打出暗號，那是因爲配球策略是由在休息區的教練來下達。捕手除了對投手打暗號外，也會針對野手下達暗號，經常看到的就是捕手站立，以手在手臂上或胸前比畫，有的甚至就直接用手比畫叫野手移動守備位置，如往前、往後或往左右移動等。

　　另一種是由站在三壘的教練向打者與跑者下達的戰術暗號，通常會看到教練用手摸耳朵、鼻子、下巴或用手在手臂、胸前、肚子或大腿比畫，或是用力拍掌，或是其他手勢。每個戰術當然就會一個動作來對應，譬如摸下巴是盜壘、摸肚子是打帶跑等。不過，教

練打暗號通常會連續做好幾個動作，球員如何知道哪一個才是真正要下達的戰術呢？這就要使用到關鍵暗號，譬如關鍵暗號是雙手抓耳朵，當教練雙手抓耳朵的下一個動作就是要下達的戰術，所以當雙手抓耳朵後摸肚子，就是下達打帶跑戰術。可是教練下達暗號後，不一定會執行戰術，也就是做出假暗號騙對方，這時候就要使用到取消暗號，如果在連續動作中做出取消暗號，表示剛剛下達的戰術取消。

當然，為了不讓對手識破暗號，暗號必須時常做更動，因此球員在比賽前須牢記各戰術代表的暗號、關鍵暗號與取消暗號等。所以，我們偶而會看到打者在打擊區外看教練的暗號，但突然忘了暗號而喊出暫停，或是跑者看錯暗號，造成錯誤的跑壘被觸殺出局的窘境。

YouTube Keywords：coach sign in baseball.

推薦影片

■How to watch baseball: explaining signs from catcher and coach.

柒、數位影像科技在職棒比賽的運用

在大聯盟的比賽轉播中，常會看到 k-zone 的顯示，透過這樣的圖示，可以看到投手投出的每一球通過本壘板的位置是否在好球帶內，但這是如何辦到的呢？早期是由美國 SPORTVISION® 公司開發的數位影像科技應用在棒球比賽中，以 k-zone 的顯示為例，是經由架設在球場上的 3 台攝影機（tracking cameras），將每台攝影機錄到的影像資訊傳到中央投球追蹤系統（central pitch tracking system），以計算出球從投手出手後到進入本壘板的運動狀態，包含軌跡、速度及進入本壘板的位置，其計算進入本壘板位置的準確度可達 1 英吋。近年由於影像科技在軟硬體上的大幅進步，MLB及台灣職棒聯盟，改採用更準確、更快速且更多元投打數據分析的TRACKMAN V3-GameTracking系統（https://www.trackman.com/baseball/V3-Game-Tracking）。2020年起，鷹眼系統（hawk-Eye system）正式進駐MLB的30個比賽球場，在每個球場佈有12台高解析度的高速（high-frame rate）攝影機，物體追蹤的準確度可達 0.1英吋，比賽轉播時可即時提供球員更精準的投打紀錄，優化球迷觀賽體驗。在國內，台灣體育運動大學與台大的科技部棒球精準運科團隊，也研發一

套「karma Zone system」，在球場佈6台高速攝影機，可顯示好球帶並做打者的3D動作分析。

　　近來因為 5G 網路技術提升，許多影像科技被廣泛應用在棒球比賽，如虛擬實境 VR、擴增實境 AR、3D 回放技術等，將棒球場打造成智慧球場，使觀看比賽的體驗更多元、更精彩。如台灣固網即成功地將新莊棒球場改造成 5G 智慧球場，包含 AR 虛擬開場秀、沉浸式 VR 實境感受、3D 即時回放與全息互動投影等，帶給球迷不一樣的觀賞體驗。

YouTube Keywords：AR in baseball game、3D replay

推薦影片

■360-degree replay at MLB All-Star Game, SK Telecom 5G：以擴增實境的科技應用在比賽的開場表演。

捌、常用棒球術語

一、打擊率（AVG, or BA, Batting Average）

打擊率的計算方式為打出安打的次數除上總打數，如果總打

數是 50，共擊出 15 支安打，則打擊率爲 15/50 = 0.300，或者說打擊率爲 3 成，也就是大約平均 3 個打數就會出現 1 支安打。但要注意的是，打數和打席不同，打擊者上場完成打擊就算 1 次打席，但是若是四壞球保送或是高飛犧牲打都是不算打數的。比如某位打者，整場比賽 5 次打擊，3 次保送，1 次一壘安打，1 次被接殺，2 個打數擊出 1 支安打，則他該場的打擊率爲 5 成。打擊率愈高的打者愈好，職業棒球的打擊者通常很難在球季中維持 4 成以上的打擊率，通常打擊率在 3 成以上就算不錯了。

二、長打率（SLG, Slugging Average）

不過，有時候打者雖然打擊率很高，但是多是短程的一壘安打，對球隊能否得分的貢獻較有限，因此也有以長打率來評估打者的打擊能力，所謂長打率就是壘打數除以打數。譬如甲、乙兩位球員都是 10 次打數擊出 3 支安打，打擊率都是 3 成，但甲選手 3 支安打都是 1 壘安打，乙選手則是 1 支全壘打、1 支二壘安打及 1 壘安打，甲選手的長打率爲 0.3（壘打數 3），但乙選手的長打率則爲 0.7（壘打數 7），乙選手的長打能力是比較強的。當然，以上只是舉例說明，真正評估球員的打擊能力，是需要累積大量樣本數才具有代表性的。另外，有時會將壘打數除以

安打數（稱之為長打指數，也就是 1 位球員每打 1 支安打平均可以跑幾個壘包）來評估球員的打擊能力。

三、上壘率（OBP, On Base Percentage）

上壘率的計算方式為：上壘率 =（安打 + 四死球）÷ 打席。所以有些球員雖然打擊率不高，但是因為擅於選球，常獲得四死球保送上壘，因此有時候電視轉播上，會看到打擊者的打擊紀錄中出現 OBP 上壘率。

四、攻擊指數 OPS（On-Base Plus Slugging）

攻擊指數（OPS）也常會出現在打擊者的打擊紀錄上，其為上壘率加長打率的值。相對的，在投手的投球紀錄中，就會出現 Oops（Opponent On-base Plus Slugging），和 OPS 的概念是一樣的，又稱為被攻擊指數。

五、打點（RBI, Run Batted In）

打點是指完成一次打席（包含四壞球保送、高飛犧牲打等），在對方守備沒有失誤且沒有造成三人出局的情況下，共得到的分數，包含隊友及自己得分 甚麼情況下，會自己得分呢？。打

點也常被拿來評估打者的打擊能力，有些打者可能打擊率高，但打點低，有可能是上場打擊時壘上剛好沒有人，或是壘上有人時常無法適時擊出安打將跑者送回本壘得分。由於牽涉的情況相當複雜，因此打擊率與打點經常都是一併考量的，當然如果經常擊出全壘打，打點的累積就會相當可觀。

六、自責分率（ERA, Earned Run Average）

投手的投球內容好壞，除了勝場數外，三振能力以及自責分率常是評估的要項。自責分率的計算為該投手總自責分除以總投球局數，也就是平均每局的自責分，再乘上 1 場比賽 9 局，所以自責分率也可以說是該投手每場比賽 9 局的平均自責分（所以又稱為防禦率）。比如在 MLB，投手自責分率若低於 3，就可算是相當優質的投手。因為自責分率 3，代表整場比賽平均會掉 3 分，如果球隊的進攻能力夠強，平均每場得分都能超過 3 分，則派出這樣的投手先發（通常先發 7 局），獲勝的機會是很高的。不過，自責分的計算相當複雜。由自責分的字義來看，就是因投手投球內容造成的失分，若是因野手失誤、或前任投手留在壘包上的跑者得分，都不算在該名投手自責分下，通常記錄員會假設沒有任何失誤情況下，該局共多少分數是因投手投球內容而失分。

後援投手上場投球，若是壘上有跑者，這些跑者如果後來都回來得分（沒有失誤的情況下），則自責分都算在前一任投手身上。這也是為甚麼，先發投手在壘上有人被換下，而且比數相當接近時，都會在休息區看完該局，以確認救援投手是否有幫他守住失分後，才會離開休息區。

七、勝投

職業棒球投手的分工是相當清楚的，依出場序可分為先發投手、中繼（後援）投手及通常是最後一局才上場的終結者（救援投手）（closer）。勝利投手必須是在上場投球結束該局後，仍保持領先到比賽結束，先發投手必須投滿 5 局才能成為勝投候選人。終結者通常在球隊領先，且領先分數在 3 分內時才會上場救援，且通常是在第 9 局領先的情況下上場，某些情況會再 8 局提前上場，但是 MLB 終結者不太可能在第 7 局就上場投球的。

八、勝差

職業棒球賽通常會以勝差來表示兩隊之間戰績的差異，其計算方式為：勝差 ＝（勝場數差 ＋ 敗場數差）÷ 2。舉例來說，甲隊 70 勝 42 敗，乙隊 66 勝 45 敗，勝場數差為 70−66 ＝ 4，敗場數差為 45−42 ＝ 3，則其勝差為(4 ＋ 3)/2 ＝ 3.5。勝差變動會隨著

兩隊戰績不同而改變，如果該場比賽爲甲乙對戰，則勝差的變動
會是 1，也就是說如果甲勝乙，勝差拉大爲 4.5，如果乙勝甲，
勝差拉近爲 2.5爲什麼呢？。如果是和其他隊比賽，勝 1 場，
則勝差增加 0.5；若敗 1 場，則勝差減小 0.5。

YouTube keywords：sport science baseball.

推薦影片

■可以搜尋到許多關於棒球運動科學的影片，慢慢觀賞吧！

附　註

1. 近端肢段通常是指血液循環系統較靠近心臟位置的肢段，以手為例，大手臂為近端肢段，而手掌為遠端肢段；以腿為例，大腿為近端肢段，腳為遠端肢段。

2. 肩外轉（Shoulder External Rotation）指的是上臂（下垂狀態）以自身的方向為軸心做向外旋轉的動作（手臂平舉的狀態下則相當於向後旋轉）

3. 這是筆者參加 2010 國際運動生物力學學術研討會暨台灣運動生物力學年會，從日本早稻田大學彼末一之教授（Professor Kazuyuki Kanosue）專題演講的 slide 上抄錄下來的。

重點複習

1. 棒球各守備位置的代號是甚麼？
2. 何謂動力鏈原理？試以棒球投球動作說明之。
3. 二縫線和四縫線的快速球，差別在哪裡？
4. 曲球、變速球、蝴蝶球這三種球路，哪一個球的轉速最快？哪一個最慢？
5. 投手投球出手到進入本壘板的時間大約多久？有經驗的大聯盟打擊者是如何在這麼短的時間完成正確的打擊決策？
6. 何謂 k-zone？MLB 的比賽轉播中可以看到球是否進入 k-zone 的位置，這是如何辦到的？
7. 何謂投手自責分率？勝投又是如何決定？
8. 戰績的勝差是如何計算的？代表的意義為何？

Chapter 8

桌球
(Table Tennis or Ping Pong)

壹、前言

桌球可說是一項老少咸宜的運動項目，一方面因為它是隔網的運動，不會有衝撞的危險；另一方面也因為是室內運動，所以不會有雨淋日曬的顧慮。桌球可以訓練反應與敏捷性，所以非常適合年長者，以休閒的目的來講，桌球也可以作為終生運動的項目。近年來，台灣在國際桌壇也持續保有不錯的佳績，因此桌球是一個值得在國內推展的競技運動項目。

貳、桌球技術

桌球技術講求的是速度、旋轉及準確，速度包含回球時間快、回球速度快以及移位速度快；旋轉包含球拍與球的摩擦造成球的旋

轉，以及旋轉的球碰到球拍後的反彈方向；準確包含擊球點及回擊球落點的準確性等。

一、速度

　　這裡的速度包含回球速度與移位速度。球的速度要快，就必須使用較大的力量，或者使球拍有較快速度，因為球拍的速度愈快，碰撞時就有較大的動量傳遞給球。初學者在學習平擊球時（擊球心），常無法擊出有速度的球，通常是因為擊球前球拍的速度不夠。在揮擊過程中，從引拍、擊球到擊球後的收拍，球拍的速度是先加速再減速，正確的擊球位置應該是加速期擊到球（圖 8-1），球擊出後，球拍才做減速。但是初學者打平擊球時，經常揮拍不夠完全，感覺上有用力，但都是在減速期擊中球，所以動作看起來就像是用點的，後面擊完球的收拍動作也都沒有做完全。做擊球後的收拍動作，除了可以在加速期擊到球外，另外球拍的速度（包含大小和方向）也較穩定，由於球的質量相對於球拍是較小的，因此球被擊中後的速度，就會受到碰撞前球拍速度的影響，當然球的速度就包含大小與方向，所以收拍做的愈確實，回擊球就能控制的愈好。

圖 8-1　正手平擊球，由引拍、擊球到收拍，球拍的速度是先加速再減速，正確的擊球位置應該是在加速期擊到球，球擊出後球拍才做減速。

　　在一般觀念皆認為回擊球的球速要快，因此要加大擊球的力量，但是用力擊球的結果，往往使得擊球準確度降低，對於初學者來說更是如此。其實若很快將球回擊，往往可以逼使對手移位不及，同樣可達到攻擊的效果，因此除非特殊情況（如拉球、搓球等），對於較不旋轉的球，通常會選擇在球反彈後的最高點將

球擊出，除了縮短回擊球的時間，也可較好掌握擊球點的位置。而對於非下旋的檯內球（反彈最高點在檯內且靠近球網），就可以不用引拍，直接向前跨步將拍子移至反彈最高點附近，當球彈到最高點時，以小手臂發力迅速將球擊回。

YouTube keywords：挑短球。

■波爾正手挑短球。影片中可以看到回擊檯內短球時，球員向前跨步，持拍手往前伸至球反彈最高點附近，當球到達最高點後，小手臂發力迅速將球回擊。

二、旋轉

　　了解球的旋轉在桌球技術上是相當重要的，特別對於初學者，當遇到對手會發各式各樣的旋轉球時，常常因無法成功地接發球而失分。桌球的旋轉主要來自球拍膠皮與球的摩擦，一般常使用的都是平面膠皮，具有一定的摩擦係數，所謂愈「黏」的球拍事實上指的就是膠皮有比較高的摩擦係數。在球與球拍膠皮接觸時提供足夠的正向力（球作用於球拍的垂直力量），就能產生摩擦力，摩擦力不通過球心，因此形成力矩使球旋轉。要使球旋

轉快，除了膠皮要有較高的摩擦係數外，球拍作用於球的力量方向也必須在球內，而愈遠離球心旋轉效果就愈好，但如果力量未進入球內，僅是稍微碰觸就無法使球旋轉，這也是初學拉球時，常常無法有效拉到球，而造成下網的原因。而發球時，球拋的愈高，落下後球拍作用在球的力量就愈大，此時產生的旋轉效應就會愈大，不過球拋的愈高要確實摩擦到球的困難度就愈高，初學者還是不建議以高拋球的方式發球。

　　由側面觀察球拍與球的摩擦（圖 8-2），如果球拍由上往下摩擦球，造成球的旋轉，擊出的球稱為下旋球（back spin）；如果球拍由下往上摩擦球，造成球的旋轉，此稱為上旋球（top spin）。當由上面往下看時（圖 8-3），如果球拍由右向左摩擦，就形成左側旋球；如果球拍由左到右，就形成右側旋球。有幾個因素會影響摩擦後球的旋轉速度，首先是膠皮的黏性，摩擦係數愈高，當然球就愈轉；接著是球拍摩擦點的速度，球拍旋轉摩擦球時，愈遠端的速度愈快，摩擦後球就會愈轉，當然球拍轉速越快，摩擦點的速度就會越快；最後，就是摩擦點的位置，如果摩擦點在球拍下緣，摩擦距離長，球的旋轉就越強，反之摩擦點在球拍上緣，摩擦距離短，球的旋轉就比較慢。

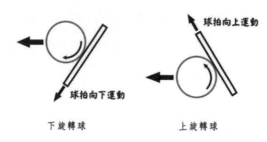

下旋轉球　　　　　　　上旋轉球

圖 8-2：下旋球與上旋球。

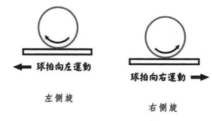

左側旋　　　　　　右側旋

圖8-3　左側旋球與右側旋球。

　　對接發球的人而言，能迅速判斷對手發球時球拍如何與球碰觸，便有很大的機會可以成功的接發球。仔細觀察對手發球動作，如果球碰觸膠皮時，球拍頭是在握把下方，也就是球拍是下垂的，通常發出的球是帶有側旋的（圖 8-4），如果球拍是由後往前摩擦，則發出的是側旋球；如果球拍是由上往下摩擦，而且拍面略向後仰，則就變成側下旋。如果球碰觸膠皮時，球拍是平

圖 8-4　發側旋球的動作。摩擦球瞬間拍頭朝下，摩擦球的側邊造成球的側旋。

的且拍面後仰，則可能是下旋，但仍必須看摩擦方向，如果摩擦是由上往下，則是下旋球（圖 8-5）；若球拍是由後往前，雖然拍面後仰，但多是撞擊到球，摩擦較少，球就不轉；初學者通常發下旋球時，雖然拍面後仰，但撞擊過多，所以發出的球都不太轉。前面提到只是一般通則，初學者還是要透過反覆練習與比賽，才能更正確判斷球的旋轉。現在規則規定發球時身體不能遮擋，但是厲害的選手還是可以混淆對手，使接發球的人誤判球的旋轉，造成接發球的質量不夠，製作發球搶攻的機會。

圖 8-5　發下旋球的動作。摩擦球瞬間拍面水平後仰，摩擦球的底部造成
　　　　球的下旋。

YouTube keywords：Ma Lin serve, Timo Boll serve.

推薦影片

■Learning Ma Lin serves step by step. 可以看到示範者發出不同的球
　路，注意看球拍摩擦球的拍形、摩擦的力道（方向）、球拋的高
　度對發球的影響，觀察下旋、側旋球等球路，落在對方球檯反
　彈後的運動軌跡。

　　知道球拍如何將力作用在球上，而使球造成不同旋轉後，
接下來就來探討旋轉中的球與球拍碰撞時會產生怎樣的運動？以

圖 8-6 來說明，若以側面來看，如果球拍拍面是垂直的，當上旋
球碰觸到膠皮時，會產生向上的摩擦力，使球產
生向上的速度，加上球反彈的速度，球便會往前上方飛行，當球
的速度很快，就很容易出界；當下旋球碰觸到膠皮時，會產生向
下的摩擦力，使球產生向下的速度，加上球反彈的速度，球便會
往前下方飛行，而造成下網。同樣的圖如果是由俯視來看，當左
側旋球（對接發球而言是由右向左旋轉）碰觸到膠皮時，會產生
向右的摩擦力，使球產生向右的速度，加上球反彈的速度，球便
會往右前方飛行，當球的速度和轉速很快，球就很容易「噴」出

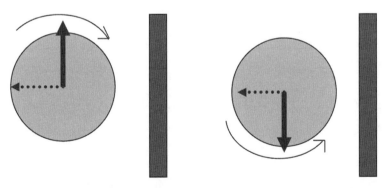

圖 8-6　各種不同旋轉的球與球拍碰撞後，球的反彈方向。注意觀察，摩
擦力如何影響球反彈的方向。實線箭頭為摩擦力反向，虛線箭頭
為沒有摩擦力時球的反彈方向。

界外；當右側旋球（對接發球而言是由左向右旋轉）碰觸到膠皮時，會產生向左的摩擦力，使球產生向左的速度，加上球反彈的速度，球便會往左前方噴出界外。當然如果你使用的膠皮摩擦係數較小，如顆粒拍，這樣的旋轉效應就會較小。

YouTube keywords：ball and spin of table tennis.

推薦影片

■ Killerspin table tennis technique: Ball and spin.影片大約在 1:05，上旋球碰到球拍膠皮，球會往上彈；在 1:15，下旋球碰到球拍膠皮，球會往下掉。

現在已經了解到接旋轉球時球會亂飛是因為摩擦力的關係，所以只要能克服摩擦力的效應，或是將摩擦力轉為正向的效應，就能成功的接發球。要如何能有效將摩擦力轉為正向的效應呢？其實很簡單，只要調整接發球的拍面，就能將旋轉的球有效回擊。以前也許會有人教你採用鏡射法，也就是接發球時拍面的方向與對方發球時拍面的方向相同，但是這樣的方式，如果對方以相同的拍面方向但採用不同的摩擦方式，就可能會產生誤判，所以最好的方式還是觀察發球後球的旋轉方式來決定拍面方向。如

果發出的球是上旋球，將拍面前傾便能使摩擦力朝前，當然如果是非常強的上旋，拍面就要愈向前傾斜，而且最好在球的上升期接球 為什麼呢？；如果是下旋球，將拍面後仰便能使摩擦力朝前，如果是非常強的下旋，拍面就要愈向後仰，甚至接近水平；如果是左側旋球，拍面朝左便能使摩擦力朝前，如果是右側旋球，拍面便要朝右（圖 8-7）。大家可以想想看，如果對方發出的是右側下旋、左側上旋，你要如何調整拍面呢？

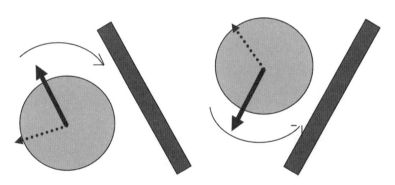

圖 8-7　調整拍面便能有效使用摩擦力接發旋轉球。實線箭頭為摩擦力反向，虛線箭頭為沒有摩擦力時球的反彈方向。

當然調整拍面僅能改變摩擦力的方向，使球往前運動，但是如果球回彈的速度不夠，球還是因為重力作用而往下掉，最後下

網，所以除了調整拍面，也要適時調整球拍揮擊方向與速度，使球能有效回擊，並且不會製造對方攻擊的機會。前面已提過，由於桌球的質量很小，所以球拍與球碰撞後，球拍的速度大小與方向會影響球回彈的速度大小與方向。因此接很強的下旋球，可以稍向上出力，而接很強的左側旋，則要將球擊向左方。以上的方法都是基本的概念，但實際比賽狀況是多變化的，因此必須經由反覆練習與吸收比賽經驗，才能使自己面對各樣旋轉球時不再害怕。

前面提到誤判球的旋轉，底下就來介紹幾個初學者可能會誤判的原因。首先是球拍與球的摩擦方式，通常初學者如果看到對方以球拍後仰的方式發球，就會以為發出的是下旋球，但是如果球拍後仰可是沒有摩擦球，則發出的球不轉，此時如果以球拍後仰方式接球，回球就會冒高遭到對方起板攻擊。另外，當摩擦點在球拍上緣，摩擦距離不夠，就會發出比較不轉的球，也就是所謂的空球；如果摩擦點在球拍下緣，球拍摩擦速度又夠快，就可能會是一顆很「沉」的下旋球。厲害的桌球好手，甚至可以藉由發出球的運動軌跡與特性來判斷球的旋轉，當然這是長年經驗累積所得，初學者還是要好好應用上面教的概念多加練習，相信你的接發球技術將會變好！

近年，國立成功大學桌球精準運科團隊，有開發一套判別發球旋轉的檢測系統，根據發球者發球的影片，在不同的動作時間點預判球的旋轉和落點，大家不妨上去試試！請參閱：線上心智評估與訓練系統（http://140.116.98.155:1337/），進入認知作業→預測與檢定作業→發球預測作業。團隊另開發一套認知作業系統及桌球即時記錄系統，都可以在完成註冊後登入使用。

> **YouTube keywords**：轉與不轉的發球。
>
> 推薦影片
>
> ■ 桌球發球──唐建軍教桌球發球──刀板正手轉不轉發球。摩擦點在上緣，摩擦距離短，球較不轉；另外揮拍方向略微朝前，而不是朝下，則球也比較不轉。

前面也提到過摩擦係數比較小的球拍，如顆粒拍，這種球拍的膠皮表面成顆粒狀，在與球碰撞時，顆粒會產生變形，吸收掉球與球拍的摩擦效應，因此顆粒拍回擊球的旋轉通常會和平面膠的結果相反。譬如以平面膠接下旋球，回擊球依舊會是下旋球，但顆粒拍與下旋球碰撞後，不太會影響球的旋轉方向，因此回擊球會變為略帶上旋或不太轉的球，如果平常習慣與平面膠對打的

人，遇到顆粒拍會有點不太習慣。此外，拉球後形成強的上旋球，顆粒拍回擊後會形成更強的下旋球，使得下一板的拉球更加困難，顆粒拍球員通常就是利用對方的失誤得分。但使用顆粒拍也是要經過訓練的，不是每個人用顆粒拍都會有同樣的效果，不過顆粒拍如果遇到高手還是沒輒，因為高手的拉球，又快又轉、落點又刁鑽，完全沒有任何回擊的機會，這也可能是在國際賽較少看到有選手使用顆粒拍的原因吧！

YouTube keywords：ball and spin of table tennis

■ Guess the type of table tennis rubber by how a ball with top spin bounces off it. 透過高速攝影機，觀察到 Top spin 的球碰撞到球拍的不同位置時，反彈球的旋轉是不相同的，相當有趣！

三、準確

由於桌球的質量很輕，因此只要能確實擊中球，通常就能使回球具有較快的速度。前面提過初學者為了用力擊球，譬如殺球，往往因無法準確擊中球，造成球下網或飛出界外。而在高強度的比賽中，桌球回擊球的時間是相當短的，球的速度也很快，

所以移位速度如果不夠快，就很難能準確的回擊球，因此步法的訓練也是相當重要的。

　　能準確掌握引拍及擊球的時機也是相當重要的。初學者常會引拍過慢，造成擠壓到處理來球的時間而錯過最佳的擊球時間，尤其是學習拉弧圈球時，常因為引拍過慢，錯過拉球時間點，造成急促出拍而無法準確拉到球。建議初學者可以在來球過網向下掉落時，同步做引拍動作，如此才有足夠時間可以觀察球反彈後的軌跡與球的旋轉。

　　來球的旋轉不同，也要正確的在反彈後的適當時機擊球，如果是不太旋轉的球，則在拋物線的最高點擊球，且拍面要稍向前傾；如果是很強的上旋球，則要在上升期末端擊球，且拍面盡可能前傾（使摩擦力朝前），譬如對方拉出很強的上旋球，接球時拍面要盡可能下壓，且在上升期就將球擊回，避免回擊球噴出界外；如果是很強的下旋檯內球，則要在上升期摩擦球，將球搓回，如果是下旋出檯球，則在球的下降期將球拉回。

　　初學者還是會建議先要求自己能確實擊中球為優先，而不是使勁用力。正確的基本動作，加上能準確擊中球，就能發揮一定的效果，等擊球技術較為穩定後再來要求加大發力，及準確地打到不同的落點，相信桌球技術必能快速提升。

參、桌球規則改變

桌球的規則在 2001 年有一個較大的變化，其中一局 21 分、每 5 分換發球權，改為 11 分、每 2 分換發球權，球的大小由直徑 38mm 改為 40mm。規則的改變使得比賽更加精采緊湊，尤其是球的變大，來回相持球的次數增加，技術層面由近台攻擊，演變為中遠台對拉與選手快速移位，使比賽更加精彩。球體變大使球的質量增加，加上現在都採用塑膠球，彈性不如之前的賽璐璐球，加上球體變大飛行時受到的空氣阻力增加，使球的速度相對變慢，因此早期發球、接發球、第三板起板攻擊得分的情況，已漸漸改變成超過四板以上的來回相持球，增加球賽的精采度！由於桌球一直都是由中國大陸稱霸，國際比賽的決賽通常不意外的話都是由中國大陸的選手對決，因此世界桌球協會不惜更改桌球規則，來吸引其他各國更多的參與桌球賽會，將來是否會有其他規則或是設備器材上的更改，可以拭目以待！

YouTube keywords：best of table tennis

■ 許多精彩好球的影片，看到頂級選手中遠台對拉，真是過癮！
■ 王勵勤 Wang Liqin vs 馬琳 Ma Lin──神奇的轉位。這可是正式
　比賽，不是表演賽，兩人的默契真是好。

肆、桌球即時記錄系統

　　桌球比賽的情蒐，目前多以專業記錄員於賽後觀看比賽影
片，進行人工標記記錄與分析為主，教練及選手可於賽後獲得分
析資料，但卻無法在比賽中即時獲得對戰資訊，以進行技戰術
的調整。國立成功大學桌球精準運科團隊研發一套屬於桌球比
賽之即時記錄系統，專業記錄員可透過平板電腦蒐集選手於比
賽過程中每一分之得失分技術、擊球位置與落點，透過系統瞭
解雙方該局對戰之優缺點。由於即時記錄系統須達到快速記錄
與即時回饋效果，僅記錄比賽中每一分的最後一次有效回擊，
每當一局比賽結束後，教練和選手可於記錄介面即時獲得選手
該局比賽中連續得失分之情形、得失分熱區圖（圖 8-8），以及

單局或整場的主要得失分路徑圖等（圖 8-9）。此系統目前是免
費開放註冊使用，歡迎大家試用並給予意見回饋。登入網址：
http://140.116.98.155:1234/。

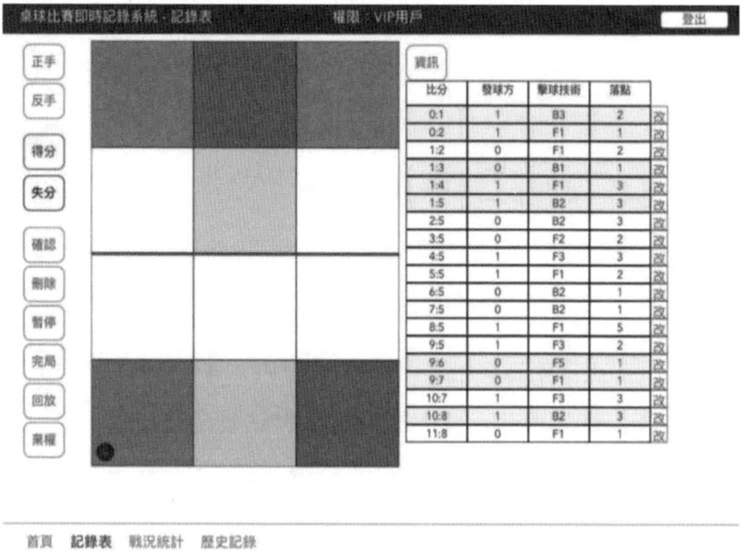

圖 8-8 記錄表呈現連續得失分之情形及得失分熱區圖。

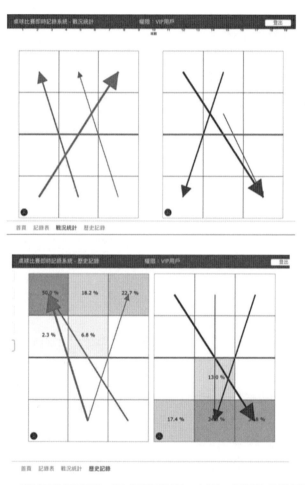

圖 8-9　系統可以呈現單一局或整場比賽，主要 3 個得失分路徑圖。

重點複習

1. 擊球後收拍的動作做得愈確實，爲何回擊球就能控制的愈好？
2. 平面膠皮與顆粒膠皮，回擊球的旋轉有何差異？爲什麼？
3. 旋轉中的球與球拍碰撞時會產生怎樣的摩擦力？如何應用這樣的觀念來調整接發球的拍面？
4. 如何判斷對方發的是「下旋球」或是不轉的「空球」？

撞球
(Billiard or Pool)

壹、前言

　　撞球在國內是普遍受到青年學子喜愛的運動項目之一，尤其國內撞球高手如雲，在國際賽事也屢創佳績，為國增光。雖然練習是撞球技術成長的不二法門，但若能輔以力學的基本概念，將會是如虎添翼，而且能增強臨場處理球的能力。對於撞球的愛好者而言，若能具有力學的概念，則能以不同的角度切入，來欣賞撞球比賽精采的地方。本章試圖以簡單的力學觀念，並以定性的方法進行撞球運動中各種基本桿法的分析，希望分析的結果對於撞球的基礎教學能更有幫助，也能讓更多的人能盡情享受撞球運動的樂趣。

貳、撞球基本桿法之力學分析

一、球桿與母球之碰撞—高桿、中桿、低桿

（一）高桿

當球桿與母球碰撞時撞擊線通過球心上方（圖 9-1 上），則撞擊後球向前運動且作前滾動（top spin），此時 $v > r \times \omega$ 球邊滾邊滑，桌面接觸點的速度是向前的，因此球所受的摩擦力向後。在摩擦力作用下（方向向後，且產生一順時針方向的力矩，與 ω 方向相同），v 減小 ω 增加，最後 $v = r \times \omega$，桌面接觸點的速度是 0，也就是母球只做純滾動沒有滑動。

（二）中桿

當球桿與母球碰撞時撞擊線通過球心（圖 9-1 中），則撞擊後球不滾動，僅做向前純滑動，由於與桌面接觸點的速度向前，因此球所受的摩擦力向後。在摩擦力作用下（方向向後，且產生一順時針方向的力矩），v 減小 ω 增加，最後 $v = r \times \omega$ 母球做純滾動。下中桿時可以較明顯看到母球純滑動的運動狀態。

（三）低桿

當球桿與母球碰撞時撞擊線通過心下方（圖 9-1 下），則

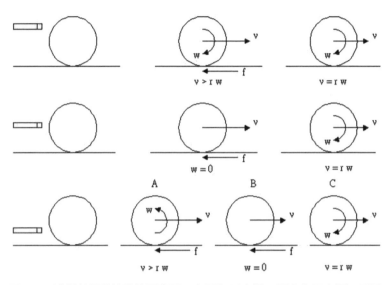

圖 9-1　球桿與母球的碰撞示意圖。上圖為下高桿，圖中為下中桿，下圖為下低桿。

撞擊後球向前運動，但做後滾動（back spin），此時 $v > r \times \omega$ 球邊滾邊滑（A 部分），由於與桌面接觸點的速度向前，因此球所受的摩擦力向後。在摩擦力作用下（方向向後，且產生一順時針方向的力矩，與 ω 方向相反），v 減小 ω 也減小，直到 $w = 0$ 時球做向前純滑動（B 部分），在摩擦力持續作用下，最後 $v = r \times \omega$ 母球做純滾動（C 部分）。如果是打 masse 球（球桿垂直球檯，向下搓球），球也是做後滾動，但 $v < r \times w$，

摩擦力的作用下，速度 v 會先變爲 0，但後轉轉速 ω 仍在，最後
球會向後滾動。

YouTube keywords：slow motion masse shot.

■ Slow motion. Cue and ball movement in a masse shot. 母球向前移動
過程是向後旋轉的，因爲球檯布摩擦作用，質心速度變慢最後停
下，但後旋轉速還在，最後母球向後滾。

二、母球與子球之碰撞—推桿、定桿、拉桿

（一）推桿（follow shot）

當母球以純滾動或邊滾邊滑（必須是前滾動）的狀態與子
球碰撞（圖 9-2 上），碰撞後因爲母球與子球質量相同，又假設
爲完全彈性碰撞（碰撞過程沒有能量損失），此時母球質心速
度會全部傳給子球，子球則以滑動狀態離開母球，在摩擦力作
用下（方向向後），子球最後做純滾動。母球失去平移速度後，
僅留下轉動的角速度 ω（順時針方向），在摩擦力作用下（方向
向前，並產生一逆時針方向的力矩，與 ω 方向相反），v 增加 ω
減小，最後 v＝r×ω 母球做純滾動。因此，母球與子球碰撞後，

在球檯上看到的是母球與子球都向前做純滾動，此即為推桿。當然，母球與子球的碰撞必然會有能量損失，但是這樣的分析方式，可以讓我們很快預測球的運動趨勢。如果開始下的是強推桿，碰撞後母球留下較大的旋轉角速度，因此可以看到母球在原地打轉的現象。

（二）定桿（stop shot）

當母球以純滑動的狀態與子球碰撞（圖 9-2 中），碰撞後母球質心速度傳給子球，子球以滑動狀態離開母球，在摩擦力作用下（方向向後），子球最後做純滾動。母球失去平移速度後，靜止在原地不動。因此，母球與子球碰撞後在球檯上看到的是子球向前做純滾動，而母球停在碰撞點上，此即為定桿。

要擊出定桿，通常球桿與母球的撞擊點在球心稍下方，以確保母球是在純滑動的狀態下碰撞子球（圖 9-1 下，B 部分）。下中桿時，雖然母球開始會做純滑動，但如果母球與子球有一段距離時，在摩擦力作用下，最後母球可能會以純滾動或邊滾邊滑的狀態和子球碰撞，而產生推桿現象。

（三）拉桿（draw shot）

當母球以邊滾邊滑（必須是後滾動）的狀態與子球碰撞（圖

9-2 下），碰撞後母球質心速度傳給子球，子球以滑動狀態離開母球，在摩擦力作用下（方向向後），子球最後做純滾動。母球失去平移速度後，僅留下轉動的角速度 ω（逆時針方向），在摩擦力作用下（方向向後，並產生一順時針方向的力矩，與 ω 方向相反），v 增加（方向向後）ω 減小，最後 v = r×ω 母球向後做純滾動。因此，母球與子球碰撞後，在球檯上看到的是子球向前做純滾動，母球向後滾動，此即為拉桿。

　　要擊出拉桿，一定要下低桿，但下低桿卻不一定能產生拉桿現象，必須確保母球是做後滾動狀態碰撞子球（圖 9-1 下，A 部

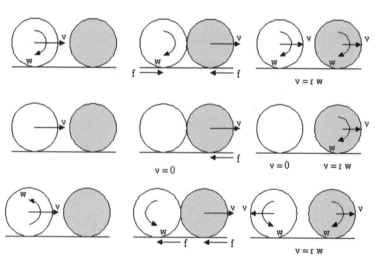

圖 9-2　母球與子球的碰撞示意圖。上圖為推桿，圖中為定桿，下圖為拉桿。

分）。因此母球與子球距離較長時，下低桿必須使母球獲得足夠大的後轉動速度，才能確保在摩擦力作用下，母球依舊在後滾動狀態碰撞子球。

YouTube keywords：slow motion follow (draw) shot

■ Billiards Follow shot（top spin）in slow motion video 1
■ Billiards Draw shot（back spin）in slow motion video 1
從影片中可以很清楚的看到推桿與拉桿，母球碰撞子球後，質心速度傳給子球，母球則原地打轉，如果是推桿，則母球向前滾；如果是拉桿則母球向後滾。

三、瞄球與作球（aim and position ball）

上面關於推桿、定桿及拉桿的分析都是由側面來觀察的，這樣的分析只有在母球與子球是做直接碰撞時（母球碰撞子球瞬間，其速度方向通過子球球心）才適用，也就是我們常說的整顆碰撞。如果母球與子球是做斜向碰撞（圖 9-3），即母球的速度方向沒有通過子球球心，就必須將母球與子球的碰撞從兩個垂直的方向來分析，其中一個為球心與球心的連線方向，而另一個方向則是兩球接觸點的切線方向。母球與子球碰撞後，母球在球心

連線方向的速度分量會傳給子球，而僅留切線方向的速度分量，
或者可能因球面的摩擦而使母球速度減小。以前面定桿的桿法來
分析，母球碰撞子球前是做純滑動，碰撞後母球球心連線方向
的速度會全部傳給子球，因此子球在碰撞後會朝球心連線方向滑
動，最後因為摩擦力的關係變為純滾動；而母球則由接觸點的切
線方向離開，所以以定桿斜向撞擊子球後，母球與子球會以 90
度的角度分開。

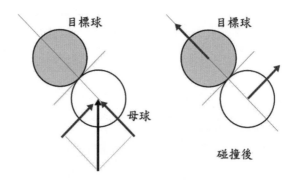

圖 9-3 母球與目標球斜向碰撞的俯視圖。碰撞後（右圖），母球在球心
連線方向的速度分量會傳給子球，而僅留切線方向的速度分量。

　　由以上分析也可以發現，子球跑的方向是在碰撞瞬間兩球球
心的連線上，因此它是不受到母球碰撞前的速度所影響。也就是

如圖 9-4，要將子球打入袋中，母球無論是在從哪一個方向碰撞
子球，碰撞瞬間兩球心連線必須通過袋口，才能順利將子球打入
袋中，這就是常見瞄球的方法。比賽中常會見到球員以球桿頭定
位在袋口與子球球心連線，再延長一個球的半徑位置，來做為擊
球的點。當然，也有球員是以碰撞球的厚度來做為瞄球的依據，
譬如母球與子球碰撞的厚度若是半顆球，則子球會以與母球碰撞

前的運動方向呈 30 度的角度離開為什麼呢？，有經驗的球員

很容易就能判斷碰撞厚度與子球碰撞後運動方向的關係。

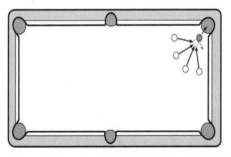

圖 9-4　要將子球打入袋中，母球無論是在從哪一個方向碰撞子球，碰撞
　　　　瞬間兩球心連線必須通過袋口，才能順利將子球打入袋中。

　　圖 9-5 可以說明碰撞厚度與子球離開方向的關係，圖中直角
三角形的斜邊為兩個球半徑的和，即 2r，θ 角的對邊為兩個球半

徑和減去重疊的部分，即 r + r – t = 2r – t，其中 t 為兩球重疊的
厚度，因此可以得到以下的關係式

$$\sin\theta = \frac{2r - t}{2r}$$

當 t = r 時，也就是半顆厚度時，$\sin\theta = 1/2$，此時 $\theta = 30$
度。同樣地，如果是 1/4 顆，也就是 t = r/2 時，$\sin\theta = 3/4$，此時
θ 約等於 50 度。由上面的公式，我們約略算出瞄球厚度 t 與 θ
的關係如下表，其中 θ 角是取近似值。

t	整顆（2r）	3/4 顆（3r/2）	1/2 顆（r）	1/4 顆（r/2）	0
q（度）	0	15	30	50	90

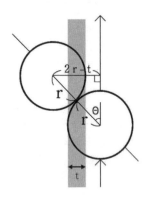

圖 9-5　母球與子球碰撞厚度與子球離開方向的關係。箭頭方向為母球碰
　　　　撞子球前的速度方向，兩球球心連線為子球碰撞後離開的方向。

由表中可以發現，當瞄球厚度愈薄時（t 愈小時），厚度 t 的變化對角度 θ 的影響會更加明顯，也就是瞄球厚度差了一些，角度就會差很多，這也說明要薄球進袋，是需要相當高的準確性。當然花式撞球的袋口較大，因此如果子球離袋口不遠，則角度稍微偏一點，子球還是可以擦板得分的。

前面的分析事實上並未考慮母球在碰撞前的旋轉，如果母球是以推桿撞擊子球，當母球將球心連線方向的速度傳給子球後，留下切線方向的速度與旋轉的速度，此時旋轉效應所帶來的摩擦力將使母球獲得向前的速度，與原先切線方向的速度加起來，母球與子球運動方向的夾角會小於 90 度；同樣的，如果是拉桿，此夾角就會大於 90 度（圖 9-6）。而由圖 9-6 也可發現，不管是推、定、拉哪一種桿法，在碰撞過程，母球會由球心連線的一邊移動到另一邊，這就是球評常提到的球檯二分法，當將袋口與子球連線延長後，會將球檯分為兩個部分，若母球在球檯的上方，碰撞子球後母球會往球檯的下方跑，加上推桿、定桿、拉桿造成母球跑的角度不同，便可以預測母球跑的軌跡，如此便可提供做球的依據。

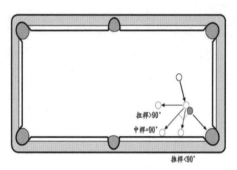

圖 9-6　推桿、定桿以及拉桿，母球碰撞子球後的移動軌跡。

參、顆星解球

　　在撞球比賽當中，常有要打的目標球被其他子球擋住的情況，此時就需要利用顆星解球，所謂顆星指的就是球台邊的橡皮墊，所以顆星解球就是指母球碰撞球檯邊後，閃過其它子球與目標球碰撞，與球台邊碰撞一次稱為一顆星解球，與球台邊碰撞 2 次稱為兩顆星解球，依此類推。底下我們就來談顆星解球的幾何原理。

一、一顆星（one cushion）

　　如圖 9-7，母球要打球台右方的 3 號球，但被 6 號球擋住，

此時母球可以藉由一顆星反彈後撞到 3 號球。假設球與球台為完全彈性碰撞，則碰撞前的入射角會等於碰撞後的反射角，因此由中垂線定理很快就能找到一顆星的瞄準點：由圖 9-7 中 3 號球對球台邊做垂線，並延成等長的距離，找到一個點，這個點便是一顆星解球的瞄準點，母球與瞄準點的連線會與球台邊形成一個交點，這個交點就是顆星碰撞的點。由簡單的幾何原理，可以證明母球碰撞到球台邊的 A 點反彈後，入射角會等於反射角，然後擊中目標球（這是國中的幾何問題，留給大家去證明囉！）。

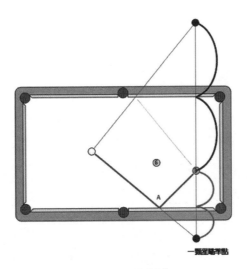

圖 9-7　一顆星解球。

實際上的操作，就是以球桿測量目標球到球台邊的垂直距離，然後延伸等長的距離找到瞄準點，接著由瞄準點轉動球桿對準母球，此時球桿與球台邊的交點，便是母球要碰撞球台的點，球台邊有白色的參考點，可以輔助記住撞擊點的位置，如此回到母球的位置便能瞄準顆星撞擊點，順利一顆星反彈後撞擊到目標球。當然，球與球台邊的碰撞不會剛好是反射角等於入射角，也許會有些誤差，但是解球只要能碰到球就好，因此這樣的顆星解球方法是可行的。在比賽中，也常看到選手以球桿直接在球台邊比畫（入射角等於反射角），並約略找到顆星撞擊的位置，但這樣的方法偏差會更大，miss 的機會很高。

二、兩顆星（two cushion）

如果遇到對手故意做吊球，如圖 9-8，在一顆星解球的路徑上都各有子球擋住目標球，此時就需要兩顆星解球。前面已經說過，兩顆星解球就是碰撞兩次球台邊後，碰撞到目標球，或者說第一顆星碰撞後球必須朝第二顆星的瞄準點跑，才能在第二次反彈後打到母標球。因此，兩顆星解球就是要找出碰撞到第二顆星瞄準點（圖中的 B 點）的瞄準點（有點饒舌！），即圖中的 A 點：首先，由目標球找出第二顆星的瞄準點 B（和前面一顆星解

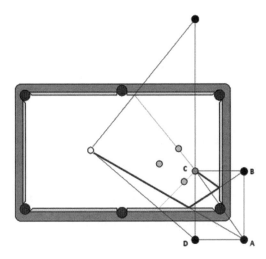

圖 9-8　兩顆星解球。

球找瞄準點的方法是一樣的），接著要想像一下，球台是向上延

伸的，則要使母球打到 B 點的一顆星瞄準點就在 A 點，如此當

母球瞄準 A 點擊出後，就能在第一顆星反彈後朝 B 點方向跑，

最後在第二顆星反彈後撞到目標球。同樣由幾何原理可以發現，

ABCD 為一個長方形，而且袋口就在兩對角線的交點上，也就是

說袋口會在目標球（C 點）與 A 點連線的中點上為什麼呢？。

因此，實際上以球桿測量目標球至最近袋口的距離，並延長一倍

就能找到兩顆星解球的瞄準點，再將球桿轉向母球，此時球桿與

221

球台邊的交點，就是兩顆星解球的第一顆星碰撞點。很複雜嗎？再仔細想想，並實際去操作，就能很快找到兩顆星解球的位置唷！

　　撞球的力學分析，事實上是相同複雜的，甚至需考慮到更高維度的運動，如跳球技術等。不可否認的，只靠力學理論絕對是無法「撞」出一手好球的，但是在努力認真練習之餘，若能瞭解簡單的力學原理，並且能在實際練習時加以驗證，則更能加深印象，並且更能增加比賽時臨場危機處理和應變的能力。

重點複習

1. 何謂純滾動？在撞球中，何時可以觀察到球是在做純滾動？

2. 下低桿擊出母球後，母球的滾動模式是如何變化的？受到那些因素影響？

3. 何謂推桿、定桿和拉桿？母球和子球碰撞後的相對運動有何差異？在這其中，摩擦力如何影響球的運動？

4. 常見瞄球的方法有哪些？其原理爲何？

5. 如何做一顆星和兩顆星的解球？其原理爲何？

Part 4

運動器材的科學
（Science of Sport Equipment）

　　「工欲善其事，必先利其器」，在競技運動場上，運動員更是要善用各樣的運動器材設備，來提升運動表現或是防止運動傷害，諸如穿在腳上的運動鞋，各項球類運動所需要的球拍、球棒、球桿等。鯊魚裝可減少在水中的阻力，使得游泳選手的成績提升；撐竿跳因為玻璃纖維竿的使用，世界紀錄往上大幅提升；網球拍、高爾夫球桿等也拜材料科技進步所賜，使球員的表現更好。本篇將介紹運動鞋、網球拍、棒球棒及高爾夫球桿，另外增列一章說明球類運動器材的力學特性。最後，針對運動員訓練所使用之健身運動器材做介紹。

運動鞋
(Sport Shoe)

壹、前言

當我們從事不同運動,如跑步、籃球、排球、網球、壘球等,穿一雙合適的運動鞋不但可以讓我們運動表現提升,也可以避免運動傷害的發生。但每一項運動,腳的運動方式是不相同的,所以不同項目運動就會有不同的專項運動鞋,如慢跑鞋、籃球鞋、排球鞋、網球鞋、壘球鞋等。平常喜愛從事運動的人,可能都擁有好多雙運動鞋,對於運動鞋功能的相關介紹,向來多來自於網頁與雜誌,或是使用者心得的分享等,比較沒有系統性的介紹。本章將介紹運動鞋之結構、元件及所使用材料,並介紹運動鞋的各樣功能,期盼藉由本章的介紹,可以讓大家更了解運動鞋的專業知識。

貳、運動鞋的功能

　　運動鞋的功能主要用於提升運動表現和防止運動傷害的發生（圖 10-1），但事實上這兩個功能在設計上是有所抵觸的，也就是說在某些情況下為了要提升運動表現，可能必須捨棄掉防止運動傷害的功能結構；同樣地，有時候為了要防止運動傷害，可能就沒辦法提升運動表現。如果鞋子是給一個競技運動員穿的，就會針對這個運動員做足部的量測，和運動鞋的功能檢測，然後依照測試結果去完成一雙適合他（她）穿的運動鞋，因為對於一個競技運動員，就是希望他（她）所穿的運動鞋可以提升運動表現，對於防止運動傷害可能就不是那麼重要。但這不是說防止運動傷害不重要，而是相對之下，這雙鞋子在設計上是希望比較能夠提升運動表現的。另外，一般從事休閒運動的人，也都會購買自己運動時穿的鞋子，此時鞋子就會比較著重於防止運動傷害，至於能不能提升運動表現就沒有那麼重要了。所以一般人去買運動鞋大多數都是先看外觀（或是廠牌），再來就是試穿，看穿起來舒不舒服，合不合腳；比較少人會為了提升表現而去買一雙運動鞋，或甚至是訂做一雙專屬於自己的鞋子。休閒的運動鞋最主要的目的還是在防止運動傷害，提升運動表現當然也有，但在設

計上面可能就不是那麼重要。

圖 10-1 競技運動用的運動鞋，提升運動表現較為重要（左圖）；而休閒運動用的的運動鞋，則防止運動傷害較為重要（右圖）。

　　舉例來說，NIKE 在兩千年雪梨奧運前，幫美國短跑選手訂做客製化的跑鞋，稱為超級跑鞋（super spikes）。這雙跑鞋的特色就是重量輕（單隻 4 盎司，約 113 公克重），為了減輕重量，設計時將一些不必要的結構都去除掉，而這些結構可能都是保護足部不可或缺的部位。這雙跑鞋的鞋釘位置也經過實驗檢測來決定，依運動員個人著地時的足底壓力分佈，將鞋釘做在足底壓力較大的位置上，以增加鞋子的抓地力。鞋中底材料採用建造摩天大樓使用的材料，使鞋底輕且擁有極高的勁度（stiffness），使運動員在以腳尖著地後，腳跟不會有下陷（dipping）的現象，也就是保持腳跟不著地，以減少著地時間及增加推進效果。此外，鞋面採用具伸縮彈性的材料，使鞋面緊貼足部，並減少風阻係數，使腿擺動的速度更快。

YouTube keywords：2000 Sydney Olympic 100m Final.

■ 2000 Sydney Olympic 100m Final. Maurice Greene 9.87 奪得金牌，注意他腳上所穿的就是 NIKE 為他個人客製化的釘鞋，影片中可以看到跑完後，Maurice Greene 還將釘鞋脫下並丟向觀眾席。

參、運動鞋的構造

　　整個運動鞋的構造大概可分成鞋面（upper）和鞋底（sole）（圖 10-2）。在製鞋的過程中會先有楦頭（last），然後將鞋面和楦頭經由手動或自動方式緊密結合，此動作稱為結幫（lasting），接著黏上鞋底再將楦頭退出。過去製鞋都是以手工完成，老師傅做一雙鞋子可能需要相當長的時間，但現在大部分都是以生產線自動化方式完成，大大縮短製程的時間。簡單地說，鞋面和鞋底是分開做的，最後再把它們結合起來完成一雙鞋。

圖 10-2 運動鞋的構造大概可分成鞋面（upper）和鞋底（sole）。如果
將運動鞋穿在腳上，則在腳底下的部位就是鞋底，而包覆腳的
部位為鞋面。

一、鞋底

　　鞋底的部分主要分成三個：外底（outsole）、中底（midsole）和內底（insole）。外底是鞋底最外層接觸地面的部份，其功能為產生摩擦力（亦即抓地力和防滑），例如有很多工作職場的地面經常是充滿油漬或水，工作人員所穿的鞋子就必須能防滑。還有針對老年人設計的鞋子，讓他們走路的時候比較不容易跌倒，這些都會和外底的材料、鞋紋及構造等有關。再來就是中底，中底就是外底再往上比較厚的那一層，中底最主要的功能就是吸震（cushioning），另一個功能是能量反彈（energy return），也就是我們常說的鞋子彈性。再往上的話就是內底板（insole plate），內底板的功能是支撐作用，是一個比較硬的板子。最後，就是和腳直接接觸的部位，也就是內底，或稱為鞋

墊，鞋墊的主要功能是在均勻分布足底的壓力，擁有一雙好的鞋墊，長時間站立或行走時，不會有足底壓力集中的現象，如果鞋墊的材質不好，穿久了會覺得腳底的某個地方很痛，原因是因為長時間在某個位置有壓力集中的現象，結果造成疼痛甚至潰瘍，嚴重者導致細菌感染，所以對於一些需要久站的職業，或是需要穿鞋子比較久的，鞋墊的設計就很重要。臨床上糖尿病患者由於末端神經功能損失，穿著不好的鞋子容易造成足底壓力集中，而因為病患不會有任何疼痛的感覺，長期穿著下來就會造成足底發生潰瘍，嚴重者可能會因細菌感染而必須面臨截肢。現在一般的鞋墊比較沒有去注重到足底壓力減緩的功能，多訴求透氣和吸汗的功能，而且在筆者的研究[1]中也發現具有吸震能力的鞋墊，在中底吸震效果較差的鞋子，如鞋底較薄或是較硬的鞋子，對於整雙鞋子的吸震能力就扮演很重要的角色。

底下針對鞋底的各部位做詳細介紹：

（一）外底（outsole）

外底是鞋底與地面直接接觸的部位，因此常需與地面產生摩擦，為使鞋外底有較長的壽命，通常外底會選用橡膠等較耐磨的材料。外底的一些設計，例如懸臂梁式的構造，就是中空內凹的

構造，這樣的設計就是希望在著地的時候因為鞋底構造變形，使著地面積變大，讓著地更加穩定。當然因為整個鞋底的變形，也可以增加一些吸震的能力，不過對整雙鞋子而言，大部分還是藉由中底來吸震。

外底的鞋紋與摩擦有關，例如圖 10-3 的籃球鞋，前腳掌的部位有一個十字型的凹槽，把整個前腳掌分成四個區域，可以看到最前面兩個區域的鞋紋是屬於內外側的走向（橫向），而外側這一區是屬於前後走向（縱向），而內側則是屬於螺旋形的鞋紋，有的則是採用同心圓的鞋紋構造。在瞭解這些鞋紋為何要如此設計之前，我們先來觀察一下打籃球時腳步的動作特性：當我們要左右側方向移動或急停時，必須利用鞋底內外側推蹬或煞車；向前後方向啟動或急停時，是以前腳掌向前或向後推蹬或煞車。縱向的鞋紋可提供左右側的摩擦，而橫向的鞋紋則可提供前後方向的摩擦，這也就是這雙籃球鞋的鞋紋在不同部位設計為不同走向的原因了。至於，內側螺旋狀或是同心圓的紋路設計，則是因為中樞腳作旋轉的動作時，旋轉中心會在鞋底的內側，採用圓形紋路可使旋轉的摩擦阻力降低，太大摩擦力使腳不容易旋轉，結果就造成膝蓋產生較大的旋轉，長期下來容易造成膝蓋受

傷 為什麼呢？ 。所以，希望在旋轉的時候地板不要提供太大的阻力，鞋紋採用螺旋型或圓形是最好的。再來就是螺旋的圓形紋路，由於紋路走向不像直線具有方向性，因此在各個方向都可以提供抓地力，所以在像籃球鞋、網球鞋等硬場地的鞋子，都會看到在鞋底前腳掌內側有這種圓形的鞋紋。

圖 10-3　籃球鞋的外底。足跟部位有懸臂梁式（中空內凹）的構造，前腳掌則分為四個區域，每個區域鞋紋因籃球運動的特性，而有不同之走向。

（二）中底（midsole）

　　現在運動鞋的中底大致上使用最多的材料就是 EVA（Ethylene vinyl acetate），中文名稱為乙烯醋酸乙烯共聚物，早期的鞋中底大都是用橡膠或是 PU 等比較硬的材質，EVA 材料後來

才被普遍使用在鞋底上。目前鞋中底使用的是 EVA 的發泡材料（EVA foam），特性是輕、便宜、容易鑄模成型、吸震能力也不錯，但缺點是較不耐用。之前有研究[2]用電子顯微鏡觀察 EVA 發泡材質的鞋底結構，發現長期使用之後發泡氣室會有破裂的現象，一旦氣室破裂之後吸震能力會隨之下降。

　　鞋子的中底除了吸震外也必須具有支撐性，一般而言，走路的時候如果踩在很軟的表面上，腳會比較不穩定，比較容易使腳產生內翻或外翻。雖然說比較軟的鞋底會有較好的吸震效果，但也因為比較軟，支撐性就不足，因此為了彌補這樣的缺失，鞋中底 EVA 就可採用雙密度材質（圖 10-4 左）：即鞋底外緣用密度比較高、比較硬的 EVA 材質以提高支撐性，避免足跟著地有內翻或外翻的現象；而中間的部位則使用密度較低、比較軟的材質，可以提供吸震的效果。大家比較熟悉的 NIKE 氣墊（air）也有這樣的設計，如圖 10-4 右是一個全氣墊的設計，除了腳跟之外，全腳掌也都是氣墊，整張氣墊包含幾個封閉的氣室，每一個氣室灌進去不同氣壓的氣體，例如腳跟的外緣氣室，就灌進氣壓較大（約 25psi）的氣體，氣壓愈大此部位氣墊就愈硬

想想看，打滿氣的輪胎壓起來是不是感覺比較硬呢？，就有支撐的效果；

中間的氣室灌進去的氣壓就比較小（約 5psi），比較軟，負責吸震，所以整個設計的概念和雙密度 EVA 的概念是相似的。

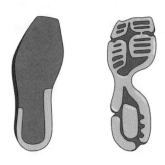

圖 10-4　雙密度 EVA 發泡材料，足跟外緣較淺的顏色部位，密度較高較硬不容易變形，提供支撐；中間部位為密度較低較軟，提供吸震（圖左）。NIKE air 全氣墊，足跟外緣的氣室，打入的氣體壓力較高約 25psi，提供支撐；中間氣室，打入的氣體壓力較低約 5psi，提供吸震（圖右）（psi 為壓力單位，1psi ＝ 1 磅／平方英寸）。

　　NIKE 氣墊的氣室是封閉式的，為避免氣體洩漏造成氣室壓力改變，因此灌進的是一種大分子的惰性氣體。氣墊是由一個叫 Frank Rudy 的工程師發明的專利，發明初期找了很多家鞋廠，但都沒有受到青睞，最後還是 NIKE 獨具慧眼，買斷這個專利。但專利到形成量產的商品事實上還有一段距離，NIKE 其實在早期

並無法將氣墊的概念轉移到鞋底上，後來花了不少錢將製程技術改良，才能使氣墊能使用在鞋底內，之後的 air Max 就為 NIKE 賺進了大把的鈔票。氣墊除了因氣壓不同可以呈現出軟硬不同的鞋底之外，也聲稱可以保有較長時間的吸震能力，彌補了 EVA 吸震效果不能維持的缺點。

在國內，其實也有一款台灣製造的慢跑鞋品牌 Dr.Air，也是標榜氣墊鞋為主的中底構造，此氣墊的發明人是黃英俊先生，與 NIKE 氣墊鞋幾乎是在同一個時期，兩個專利也是前後時間申請的，所以後來有一些專利上的官司，最後黃英俊先生打贏了官司，NIKE 聘用他當顧問（參見 Dr. Air 網頁 http://www.homax.com/）。不過 Dr.Air 和 NIKE 不同的是，它的氣墊沒有所謂的氣室，而用一個類似支撐架的構造沿著鞋底腳跟外緣間隔排列，中間沒有支撐架的部位則提供吸震，這樣設計的好處就是即使氣墊破了或因漏氣使壓力降低，仍會保有支撐的效果，而不像 NIKE 的鞋子氣墊破掉，整雙鞋子就形同報廢。另外，Dr.Air 的氣墊並不是封閉式的，也就是它是可以打氣的，就好像輪胎沒氣時，必須充氣是一樣的道裡，這和 Nike 封閉式氣室的氣墊是大不相同；Dr.Air 還有維修的服務，如果氣墊磨損或是氣囊破了，寄回原廠，會幫你進行修補。

YouTube keywords：Dr. air 3D 氣墊鞋。

推薦影片

■為鞋打氣生生不息-Dr. aiR 3D 氣墊鞋。
■Dr Air 3D 氣墊鞋大底修補影片。特殊的氣墊，不但提供了避震性、也強調其支撐、穩定性。

　　為了彌補 EVA 發泡材料的不足，許多家廠牌的運動鞋會在鞋中底部位嵌入吸震元件，加強吸震效果，這些元件包含以材料變形達到吸震的效果的，譬如亞瑟氏的吸震膠（gel）、NIKE 的氣墊等；另外有的是以結構變形來吸震，如美津濃的波浪板（wave）、銳跑的蜂巢式結構（hexalite），NIKE 的回力柱（shox）等。也有一些廠商宣稱他們的休閒皮鞋是氣墊鞋，但事實上這些所謂的氣墊鞋並非有封閉式的氣囊在鞋中底內，可能只是在足跟的部位嵌入一塊透氣的軟墊，軟墊上面有一些洞，所以就被稱為氣墊鞋。

　　（三）內底（insole）

　　內底或是鞋墊主要的功能是分散足底壓力，避免造成足底壓力集中，有的鞋墊則會注重透氣、防臭。糖尿病患者會選用特殊材質製作的鞋墊，如 PPT 鞋墊，這種材料所做成的鞋墊被證

實能減緩足底壓力大小。另外，客製化鞋墊也就是針對個人足底形狀（如高、低足弓）設計的鞋墊，也可使足底壓力均勻分散在足底的各個部位，使鞋子穿起來更舒適。不過，客製化鞋墊的要價不低，國內像財團法人鞋類暨運動科技研發中心（http://www.bestmotion.com/）或是彪琥鞋業（http://www.minister.com.tw）就有提供客製化鞋墊的服務。

YouTube keywords：彪琥鞋業有限公司

推薦影片

■ 彪琥台灣鞋故事館。介紹彪琥鞋業公司，這是正港本土的鞋業公司，高雄總公司有提供預約參觀，對製鞋有興趣的讀者，可直接上網查詢。

二、鞋面（upper）

接下來要介紹的是鞋面的構造部位（圖 10-5）。鞋面部位大致上可分為前幫、護邊、足跟穩定架、阿基里斯腱護墊、鞋領、鞋舌和鞋帶等。

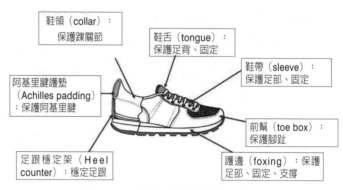

圖 10-5　鞋面的構造部位與功能。

（一）前幫（toe box）

前幫就是鞋面包覆腳趾的部份，其功能是在保護腳趾，有些鞋子的前幫會使用較硬的材質，例如工作鞋，因為有時候工作場合必須要搬重物，較硬的前幫可避免重物在搬運過程中掉落壓傷腳；還有像是棒球裁判專用的鞋子，怕有一些擦棒球直接擊中腳，也會在前幫做保護的措施。慢跑鞋在前幫部位則多選用透氣的網布，也可使彎曲較為容易。

（二）護邊（foxing）

護邊的功能在使鞋面和鞋底的接合處更牢固，並提供鞋面側邊的支撐。硬場地的鞋子，如籃球鞋、網球鞋或羽球鞋，常會做

側向快速移位急停、轉向的動作，為避免腳在鞋子內做過多的滑動，此部位就會有支撐效果的設計。

（三）足跟穩定架（heel counter）

足跟穩定架在後足跟的位置，此部位會選用堅硬不易變形的材料，以保護足跟著地時能更加穩定，避免造成足跟的內翻（inversion）或外翻（eversion）。

（四）阿基里斯保護墊（Achilles padding）

阿基里斯保護墊，是在鞋領後側內部的襯墊，通常選用一層較軟的海綿，以避免步態過程中，阿基里斯腱和鞋領的摩擦造成破皮或傷口。目前運動鞋幾乎都有這層護墊的設計，但是某些休閒鞋則沒有，加上有些人習慣不穿襪子或穿低筒的襪子，在穿新買的鞋時常會有阿基里斯腱部位破皮的現象，造成走路過程疼痛的感覺。所以，建議穿新買的休閒鞋時，還是要穿襪子，且襪子必須能包覆到阿基里斯腱。

（五）鞋領（collar）

鞋領的功能為保護踝關節，如籃球鞋的鞋領會做得特別高，為了保護踝關節避免內外翻，特別是內翻造成的外側韌帶扭傷。慢跑鞋的鞋領就比較低，因為慢跑是單一方向的作用，所以就鞋

領的功用就沒那麼重要。不過，鞋領愈高包覆性愈好，踝關節的動作範圍較會愈受限，進而影響運動表現，因此近年來一些職業籃球運動員會改穿中高鞋領的籃球鞋，使突然轉向的動作如切入等，能更加靈活。

（六）鞋舌（tongue）和鞋帶（sleeve）

鞋舌的功能主要是在保護腳和腳背，另外配合繫緊的鞋帶則可以使鞋子更合腳。有些運動鞋如足球鞋，鞋舌會採用厚軟的材料，主要是緩衝踢球時球對腳背的衝擊力。鞋帶的綁法則有很多種，但除非有特殊的需求，不然使用一般傳統的綁法即可，一般運動鞋會有 7 對鞋孔，至少要綁到 6 對（僅留最上方 1 對）才算綁緊，當然如果需要更好的包覆，則可以選擇 7 對全綁。鞋子若沒有綁緊，或是僅綁較少對的鞋眼，會使鞋子穿起來鬆鬆的，像穿拖鞋一樣，走路甚至跑步的時候，腳的肌肉就要額外用力去抓住鞋子避免鞋子脫落，如此容易造成肌肉提早疲勞，甚至過度使用造成傷害；而且綁得太鬆，腳在鞋子內會產生滑動，如此在足跟著地時，因為腳向前滑動，使得置放在足跟部位的吸震元件無用武之地，因而降低鞋子的避震效果。當然鞋帶也不能綁太緊，否則會造成血液循環不良的影響。綁鞋帶的時候一定要注意

將足跟緊靠足跟穩定架，然後才綁上鞋帶，如此可以使鞋舌完全緊貼在足背上，使鞋子能更穩固於腳上。

YouTube keywords：正確鞋帶綁法。

推薦影片

■ 鞋帶綁法學問高，適合慢跑運動的正確繫帶法。慢跑過程中，足部與鞋子之間的摩擦常常是跑步中不適感的來源，正確的綁好鞋帶即可減少其摩擦力、降低不適感。

三、鞋楦（last）

　　早期的鞋楦是用木頭做的，現在大多都是用塑膠或金屬做成（圖 10-6）。鞋楦是根據腳的形狀實際上去做一個像腳的東西，如果是客製化的鞋子，就必須依個人腳型訂做屬於個人的楦頭。製鞋過程中，會依鞋楦大小形狀去做出鞋子的鞋面，並將鞋面直接包覆在鞋楦上面，接著再利用結幫機把鞋面和楦頭緊密結合在一起，結合完畢黏上鞋底，並經過修整後再退出鞋楦，整雙鞋子就算初步完成。鞋楦大致上依外型可分成兩種，一種是直楦（straight last），另一種是曲楦（curve last），這兩種楦頭做出來的鞋子最大的不同就在於鞋子前半部和後半部是否形成角度，

曲楦做出來的鞋子前腳部分會稍微向內彎曲。直楦做出來的鞋子，支撐會比較好，比較適合需要支撐性的人穿著，例如有扁平足的人，足弓較低且沒有支撐性，因此著地時腳容易產生外翻，如此就需要穿能提供支撐的直楦鞋子；高足弓的腳是比較剛硬的腳，沒有吸震性，因此就要穿彎曲楦頭的鞋子，這種鞋子吸震的功能會比較好。一般如果是正常人的話，就穿介於直楦與曲楦之間的楦頭即可。鞋面與楦頭結幫的方式可大致分為三種，一種是用硬底板直接將鞋面與楦頭結合起來，另外一種是沒有，第三種方式是只有後半部有硬底板，前半部則直接結合。用硬底結幫的支撐性比較好，並且可提供前腳掌和後腳掌扭轉的阻力，另外有時候會在鞋底中間的位置做一個支撐棒，以避免運動中前腳掌與後腳掌過度扭轉，造成腳底的受傷。

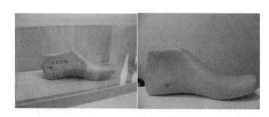

圖 10-6　早期鞋楦為木頭做成的，現在的鞋楦則使用塑膠或金屬材料。

YouTube keywords：運動鞋製作流程。

推薦影片

■ 日本科學技術運動鞋的製作流程。片長約 13 分鐘，詳細記錄製鞋流程。影片大約在 8 分 30 秒的地方可以看到金屬製的鞋楦，影片大約在 11 分 45 秒的地方可以看到退楦的動作。

■ Process: The Adidas Ultra Boost AKA "the World's Best Running Shoe. 製鞋流程自動化是未來的趨勢，這也將大幅縮減鞋子製程的時間。

肆、仿赤腳鞋（barefoot shoe）

最近有愈來愈多赤腳跑運動的推廣，特別是在哈佛大學教授 Liebermann 在 2010 年 Nature 上發表的一篇關於赤腳跑的研究[3] 後更是如此。這個研究談到自從現代慢跑鞋出現後，運動傷害的比例沒有降低反而升高，原因可能是因為鞋底高度的關係，使得腳跟在上腳尖在下，長期跑步容易造成膝蓋和頸部的受傷。不過，慢跑鞋的問市後，運動傷害不降反升，筆者認為不一定單純是鞋子的關係，也許因使用者對鞋子功能的認知高過慢跑鞋實際能提供的保護，譬如在進行高強度的運動時，使用者認為鞋子應可提供足夠的保護，但事實卻不是如此，因而就造成了傷害。當然，也可能是因為鞋子把腳保護的太好了，導致腳部的本體感覺

變差，如果突然來了一個無預警的外力，而這個外力又超過鞋子的保護能力，加上腳本身的調適能力變差了，因而容易造成傷害。

　　赤腳跑不僅可以訓練大肌肉還可以訓練到腳的小肌肉，通常小肌肉較能快速感應到關節位置的改變，以增加關節的穩定度，避免運動傷害。目前市面常見的仿赤腳鞋有 NIKE free，鞋底的柔軟度很好，穿起來像赤腳跑的感覺，但鞋底又有厚度可提供吸震的功能。此外，像 Vibram 的 Five finger，又稱為五趾鞋，鞋底相當薄，穿起來就跟赤腳一樣。在 Liebermann 的研究中發現，在穿著 Five finger 六周之後，會有將近 36% 原來用腳跟著地跑的使用者，會改用全腳掌或腳尖等非腳跟著地的跑步策略，跑步的動作模式似乎會因為長期穿著仿赤腳鞋而有所改變。

YouTube keywords：Barefoot running, Barefoot professor, Barefoot shoe, Minimalist footwear, Nike Free, Vibram Five Fingers.

推薦影片

■ The Barefoot Professor: by Nature Video. 從影片中我們可以看到在赤足跑的時候，著地策略會改由前腳掌著地，並且受到的撞擊力也明顯小於腳跟著地策略。

■ The Origins of Nike Free-Behind of the Design.

■ Hot Summer Gear Vibram Five Fingers.

伍、運動鞋選購

如果要選購運動鞋，到底要注意那些事情呢？首先，一定要試穿，最好雙腳穿上，而且要穿襪子繫好鞋帶後跑、走或跳一跳，感覺一下鞋子的穩定性及吸震能力。單足站立或蹲下，可以確定鞋子是否合腳，並檢查鞋長、鞋寬與鞋彎曲點是否適合。穿鞋時，要注意腳跟要貼緊足跟穩定架後，再繫緊鞋帶。

根據功能測試結果，市售知名廠牌的運動鞋，其各項功能都不錯且差異不大，因此應避免購買廉價廠牌的運動鞋。要注意促銷的鞋子，是否是庫存較久滯銷的鞋款，鞋子即使沒有穿，久放後功能性都會受到影響。如果有習慣運動的人，建議要買專項運動鞋；如果是不常運動的，也許可以買多功能的鞋子（但多功能鞋在某一方面來說，就是功能性都不好）較為划算。

現在關於運動鞋的研究，已經漸漸的在關注人和鞋子的交互關係，且因為製程技術的改善，縮短製鞋流程時間，客製化運動鞋也是必然的趨勢。相信在未來，運動鞋的銷售店面將看不到成品鞋提供試穿，而是利用 3D 掃描技術，將消費者的腳掃描並快速製成專屬個人腳型的楦頭，消費者僅須在店面看看報章雜誌、喝喝咖啡，也許 1 到 2 個小時專屬於個人的運動鞋就能製作完成。

附　註

1. Chiu, H.T., and Shiang, T.Y. (2007). Effects of insoles and additional shock absorption foam on the cushioning properties of sport shoes, Journal of Applied Biomechanics, 23(2), 119-127.

2. Verdejo R and Mills NJ (2004). Heel–shoe interactions and the durability of EVA foam running-shoe midsoles. Journal of Biomechanics, 37, 1379–1386.

3. Lieberman, D. E., Venkadesan, M., Werbel, W. A., Daoud, A. I., D'Andrea, S., Davis, I. S., et al. (2010). Foot strike patterns and collision forces in habitually barefoot versus shod runners. Nature, 463, 531-535.

重點複習

1. 鞋底分爲那些部位？其負責的功能爲何？
2. 鞋中底的設計，如何兼顧吸震能力與穩定性？
3. 鞋面分爲那些部位？其負責的功能爲何？
4. 赤腳跑的好處爲何？現在市面上可以看到那些仿赤腳鞋？
5. 選用運動鞋應考量那些因素？

球類運動器材的
力學特性

壹、前言

　　前面介紹球類運動的科學，接下來幾章就要介紹球類運動中常用的器材，如網球拍、棒球棒、高爾夫球桿等。在介紹球拍、球棒、球桿之前，我們先來複習幾個有關於球類運動器材的力學特性。

貳、質量或重量

　　牛頓第二運動定律提到 F = ma，其中 m 即是物體的質量，一般我們會以器材的重量來代表它的質量，譬如質量 2 公斤的器材，它的重量就是 2 公斤重 1公斤重是多少牛頓呢？。由 F = ma 可以知道器材的重量如果愈重，就需要愈大的力量才能產生相同的加速度；

當然器材的重量愈重，與球產生碰撞時就能給予球愈大的動量，使球產生愈大的碰撞後速度。

參、迴轉半徑（radius of gyration）

迴轉半徑 k 的定義為 $I = mk^2$，其中 I 為轉動慣量（還記得轉動慣量的定義嗎？），m 為器材的質量。如果將器材的轉動慣量假想為質量集中的一個質點在做旋轉，則迴轉半徑代表的就是這個假想質點繞旋轉軸旋轉的半徑。所以迴轉半徑愈大的球類運動器材，它的轉動慣量就愈大，當然要將它揮動就需要更大的力矩，或者說需要更大的肌力。

肆、旋轉半徑（radius of rotation）

旋轉半徑定義為運動器材與球的碰撞點到旋轉軸的距離，以圖 11-1 說明，一支以角速度 ω 揮動的棒子，離旋轉軸愈遠的點就具有愈快的速度，速度大小為旋轉半徑乘以角速度，方向則是與棒子垂直的切線方向。因此擊球點愈遠離旋轉軸，球棒給予球的動量就愈大，使球可以產生愈大的碰撞後速度。

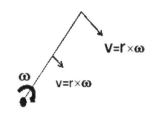

圖 11-1　旋轉半徑愈大，擊球點的速度就愈快。

伍、甜區（sweet spot）

簡單的說，「甜區」就是網球拍面或球棒的有效擊球區，也有人稱它為「甜點」或「甜蜜點」。甜區能讓擊球時有很紮實的感覺，使得球速有足夠的威力及極佳穩定的控球性，而且此時球拍（或球棒）的震動也是很微小的，打者會很有成就感。以球棒為例，球棒上的甜區包含以下三個點：

一、碰撞中心（center of percussion）

當球擊在球棒遠端時，握棒的手會覺得被前拉的感覺，當球棒擊在近端時，握棒的手會有被推的感覺，為什麼呢？，當球速度愈快時，這樣的衝擊力道就愈大。依這樣來看，當擊球點

由遠端趨向近端時，被拉的衝擊效應就減小；當擊球點由近端趨向遠端時，被推的衝擊效應就減小。由此可知，在球棒的某一個點擊中球時，握棒的手不會受到任何的衝擊力，這個點就稱為碰撞中心。當球撞擊到球棒質心位置時，球棒會產生往後的平移，會造成握棒處感受到向後的推力，而打在棒頭握棒處會感受到向前的拉力，因此碰撞中心的位置應在球棒質心再稍微遠端的位置上。

二、震動節點（node）

談到震動節點，我們要先來介紹結構物體的自然頻率（natural frequency）。當外力的頻率接近物體的自然頻率時，會激發物體產生共振現象，或者說震動的幅度會愈來愈大。例如兩個結構相同的音叉，都連接在共振箱上，當敲擊其中一支時，另一支音叉會因共振現象而產生震動，這是因為兩支音叉的自然頻率是相同的，但是若另一支的結構不同，則共振現象就不會產生。而產生共振的震動模式中，某些點的震動幅度等於零，這些點就稱為震動節點。以球棒為例，當球撞擊到震動節點時，可避免物體產生共振現象，如此在握把處就不會產生震動；相反地如果沒有撞擊到節點，而撞擊力就會激發球棒產生高頻的震動，使得握球

棒的手覺得麻麻的。

三、強力中心（power region）

　　當球撞擊到球棒的強力中心時，會使球產生最大的反彈速度。通常這個點是位在球棒的質心位置，因為撞擊在在質心位置，可使撞擊過程中損失的能量達到最小。

　　打網（棒）球的人一定都有過這樣子的經驗，就是當擊球點對的時候，回擊出去的球速度不但快而且拿拍或握棒的手不會有不舒適及震盪的感覺，相反的，若擊球點不對，球不但打不遠而且手會覺得麻麻的。所以，我們通常會把這個對的擊球點稱之為「甜蜜點」或「甜點」，不過稱之為甜點總是會讓人混淆，而且事實上 sweet spot 也不是一個點，因此稱之為甜區是比較適合的。

　　雖然球打在甜區的位置，可以有舒適的擊球感覺，而且擊出球的速度增快，但在某些情況下，球員並不會以甜區的位置擊球。以網球為例，優秀網球選手在發球時，常以球拍面的頂端部位擊球，這個位置的網線恢復係數較差，碰撞後使球反彈的效果並不好，但是發球擊球瞬間，球拍旋轉軸的位置是在小手臂上（請參考基本理論－靜力學的輪軸系統），由於旋轉軸靠近球

拍,因此以球拍面頂部擊球可以有效增加擊球旋轉半徑的優勢,使擊球點的速度增快,此旋轉半徑的增加可以彌補掉反彈效果的不足。而在底線正手擊球時,球拍旋轉軸在球員的身體縱軸上,擊在球拍面頂端所得到旋轉半徑增加的優勢較不明顯,因此此時球員會選擇以甜區的位置來擊球。

重點複習

1. 何謂迴轉半徑？如何影響球拍或球棒的揮擊速度？

2. 何謂甜區？打在球拍或球棒的甜區，會有怎樣的擊球感覺？

3. 那些情況下，網球選手會選擇不以「甜區」的位置擊球？為什麼？

網球拍
(Tennis Racket)

壹、前言

　　網球拍的構造可分為拍框、網線、拍頸以及握把（圖 12-1）。網球拍隨著材料科技的進步，無論在材質、結構、網線等方面都跟著改變，初學者不但容易上手，而且也使得比賽更具有爆發力。

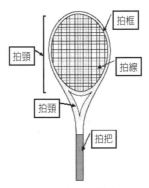

圖 12-1　網球拍的構造部位。

貳、網球拍的演進

　　早期的網球拍皆為木製球拍，因此球拍普遍較現今的球拍重，加上木頭的勁度（stiffness）較差，網線的張力會造成拍框的變形，因此木製拍框無法穿出張力較大的網線；但木頭的材料特性，卻可以有效的吸收擊球時所帶來的震動。1960 年代，金屬材料（如鋁合金）開始使用在網球拍框上，因為金屬拍框較木製拍框輕且材料勁度高，因此可以穿張力較大的網線，提昇球拍的控球能力。1960 年代 Jimmy Connors 就曾經以一支金屬拍（Wilson T2000）打敗當時所有持木拍的選手。1970 年後，玻璃纖維（fiberglass），碳纖維（carbon fiber），石墨（graphite）等複合材料陸續被使用在拍框上，使拍框的勁度增強，拍框不但變大，而且還可以穿出張力更大的線，加上球拍重量減輕，揮拍速度增快，使擊球速度及控球性都明顯增加。到二十一世紀更推出航空用的鈦金屬，使球拍更輕，勁度更高，但同時也因材質特性的因素，使球拍吸震能力相對減弱，在選手過度使用下，導致網球肘等症狀的出現。

　　在構造上也可以發現到網球拍的拍面愈做愈大。大拍面的設計有幾個好處，首先拍面加大使得甜區加大，而且大拍面的拍

框相對經過拍面中央的中心軸具有較大的轉動慣量，也就是當擊球點偏離中心軸時，由於較大的轉動慣量使球拍較不易因衝擊力產生翻轉（圖 12-2），避免擊球操控性降低。但是拍面愈大，球拍重量勢必愈重，所幸現在網球拍使用的材料都較輕，因此不致使球拍的重量增加太多。因此，建議初學者或初級程度的選手應選擇大拍面，也就是球拍頭較闊大，且為平圓流線型的球拍。此外，初學者也應選擇拍頭較輕的球拍，此類球拍可培養出力的靈巧性和對擊球的球感能力，還可以減低回擊時的失誤率。但是大拍面、拍頭輕的球拍在使用時，對於回擊球所增加的力道和加速度等方面較不理想，故等到球技提昇熟練度較佳，球技和力量提高，再考慮中大拍面或中拍面、拍頭稍重的球拍，球拍身重量則適中的中型網球拍，這類球拍的擊球力量適中，要回擊球時的加速度較好，如果加上適當的網線磅數，就能配合上網截擊和打出較旋轉的球。對於職業選手，就常使用球拍頭比較重，球拍身又比較堅硬的標準型網球拍，且多用高磅數的網線（也就是張力較大的網線，或者說拉得比較緊的網線），這種球拍適合擊球精確、爆發力大的選手。

圖 12-2　當擊球點偏離球拍中心軸時，衝擊的力量會使球拍產生翻轉。拍框愈大的球拍，拍框質量愈遠離旋轉軸，轉動慣量愈大，因此球拍不容易翻轉。

YouTube keywords：Science of sport- Tennis.

推薦影片

■NGC- Science of sport- Tennis I （運動的科學次方-網球 I）.wmv.
在前半段影片我們可以看到目前比較少見的木框網球拍，而球拍的形狀、大小、材質也開始有所轉變，使網球更容易上手。後半段影片探討不同磅數網線的差異，以及最後介紹甜區的概念。

參、網球拍的構造

一、拍框

　　拍框的勁度（stiffness）指的是球拍框架受外力作用後彎曲的難易程度，勁度較高的網球拍可以有較大的恢復係數，拍框彎

曲變形愈小，在球碰撞球拍後能快速將球反彈回去。勁度高的拍框，若能配合適當磅數的網線，將會產生更大的威力，且更有穩定控制方向的功能。為何說要配合適當磅數的網線呢？因為勁度高的拍框，反彈較快，如果網線張力太低，則拍框向前反彈時，網線還在向後變形，兩者反彈時機無法配合，則球反彈的速度就會被減弱。這就好像跳彈簧床一樣，如果膝關節伸展向上蹬起動作，沒有配合彈簧床反彈的時機，就無法愈彈愈高。原則上，勁度高和磅數高的球拍能將球快速回擊，且控球上會比勁度低和磅數低的球拍好。

拍框的厚度對擊球的力量及舒適度也有直接的影響，所謂拍框的厚度就是與拍面垂直方向的寬度，若厚度超過 20mm 就是寬邊網球拍，目前寬邊球拍的市占率約有八成。為什麼要使用寬邊球拍呢？要增加球拍的勁度，除了材質外，最好的方法就是增加拍框的寬度，使擊球威力增大，並有良好的控制性。

網球拍的拍面面積指的是由縱線和橫線交織成的網線區域，以拍框的內緣為基準，可以細分成有效面積部分（即甜區）和支撐有效面積部分，一般球拍在販售時都會標註拍面面積，有些則會特別註明甜區面積。大約在 20 年前，球拍面大小是 65-70 平方英寸，但現在這些球拍都已經被淘汰，主要是因為拍面小、甜

區小，擊球不容易。現在的球拍有較大的拍面，因而甜區變大，使得打網球變的更簡單。

對於初學者、女性或老年人，大拍面容易上手，雖然甜區大的球拍，使回擊球更加容易，但相對揮拍速度慢，回擊球的球速也跟著減慢，所以有部分的職業選手寧可選擇甜區較小的中型拍面球拍，因為揮擊的力量集中，球速更快。傳統的木拍，甜區不但小而且位置較低，一直演變到現今的金屬拍，甜區變大了而且位置也提高了許多，甜區位置提高，使得擊球點的旋轉半徑變大，可以使擊球點有較大的速度。現今廠商應用了許多科技在球拍上，使得甜區愈來愈大，提升擊球的表現，讓大部分選手擊球時球會落在網球拍框上半部的區域範圍裡，從以前的傳統木頭製造發展到現今的金屬材質（鋁合金、碳纖維…等），大拍面，寬邊，威力線孔等球拍，每經過一次的改變革新，甜區的面積就會加大並且位置也提高一些。

二、拍頸

拍頸一般可以分成三種設計：無橫樑、一條橫樑、兩條橫樑，主要是用來吸收擊球時球拍所產生的震動。

三、握把

　　網球屬於持拍運動的一種，握把是手掌與球拍直接接觸的部位，所以握把的大小將直接影響持拍的穩定性與舒適感，故握把尺寸跟球拍的重量一樣，也需要選擇自己握起來舒適且適合的。太粗的握把容易造成疲勞且降低敏感度，不容易處理小球、截擊球；而太細的握把則使球員抓不緊，不容易控制球拍，遇上強球會容易鬆動且翻拍。所以拍子不舒適、抓不好，都無法有效發揮球員的球技，需要時常留意，才能使選手保持最佳狀態。因此，選擇粗細適當的握把，較不容易造成手部過早出現疲勞的現象，且可以提升對球拍的控制感。

　　個人的手掌大小因人而異，須根據手掌大小選擇球拍。手掌握圍的量測是由中指指尖到第二掌紋的位置（圖 12-3），如果手掌握圍介於現有型號之間，則可以選擇握把稍大一點的球拍。

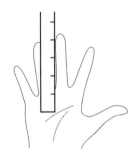

圖 12-3　手掌握圍的量測是由中指指尖到第二掌紋的位置。

四、網線

　　網線的粗細、張力等特性會直接影響擊球時的感覺、控制能力與球速。在網線材質方面，目前有尼龍、聚酯線、羊腸線等球線。

　　尼龍線是現今使用在網線上的主要材質，因為它具有耐磨不易斷、不怕潮濕，又能大量生產且價格便宜等優點；但其缺點是容易因鬆弛而使磅數產生變化，彈性及咬球能力也不佳。羊腸線可分為天然腸線與人工仿天然腸線，天然腸線是以動物纖維製作而成，好打且彈性極佳，穩定性好，但價格昂貴又怕潮濕，一般多為職業選手在使用。人工仿天然腸線則是使用混合人工纖維所製造而成，咬球能力佳，不怕水，但彈性比天然腸線差，其價格

大約是天然腸線的一半。

　　網線的選擇通常會考慮其耐用性與適合性，市面上既耐用又適合個人的網線並不多。以網線粗細為例，網線愈粗愈耐用，且控球性愈好，但不一定適合每個人打法，所以要如何取捨適合的網線，需要靠自己多次嘗試。

　　網線的張力是在穿線時，在穿線機上設定好球線需要的張力，當一條豎線或橫線以手工穿好後，穿線機會施一力量在穿好的線上。早期傳統的穿線是用法碼的重量形成對線的拉力，現在則普遍使用電子機械來控制線的張力，接著用夾子將線夾住維持線的張力（但通常線的張力在此時便稍微減小），再同樣步驟穿下一條線。穿線時會先穿好球拍縱軸方向的豎線，然後再用以上下編織的方式穿好橫線。網線的張力愈大，也就是線拉得愈緊，線受到垂直方向外力作用時，便比較不容易變形；相反地，線拉得越鬆，受到外力作用時，就比較容易變形。由此可知，當球與較緊的網線碰撞時，球會比線產生更多的變形，也就是說在碰撞過程中球與網線的接觸面積會較大，如此可以較容易掌控球碰撞後飛行的方向，也就是控球性會比較好，但相對的因球的變形，會損失掉比較多的能量，使反彈回去的速度變小；反之，當球與較鬆的網線碰撞時，線會產生較多的變形，因為彈簧床的效應，

使球反彈的速度變快，但球就比較不會變形，使碰撞過程中球與網線的接觸面積變小，不容易掌控球碰撞後飛行的方向。不過，也有使用者持不同的看法，他們認為高磅數的網線，回擊球的速度較快；而低磅數的網線，控球性較好。會有這樣的認知差異，可能是個體感受性的差異，當然也有可能是穿線技術問題，使穿好線的磅數，並不是設定的磅數，造成認知上的差異。

推薦影片

■Fastest racquet stringing. 可以看到專業穿線師，如何在 10 分鐘內穿好一支球拍的線（穿橫線的手法真是職業級的！）。注意穿線順序，先穿豎線（由中間往兩側）再穿橫線（由拍頭到拍喉）；拉緊網線以及夾緊網線的時間點（通常此時網線磅數就會稍微跑掉，當然穿線技術愈差，磅數就會跑得愈多），另外也要注意網線打結的位置。

總而言之，網線張力愈大，控球性較好，但球反彈的速度較慢；相反地，網線張力愈小，球反彈回去的速度會較快，但控球性較差。但是到底穿多少磅數的線才是最適合呢？有關材料測試方法是以發球機發出等速的球，撞擊在以老虎鉗固定的網球拍上，並藉由高速攝影機求得球碰撞前後的速度，以此計算球拍網

線的恢復係數,測試結果發現 40 磅的網線可以得到最大的恢復係數[1]。但這畢竟只是材料測試的結果,一般打網球的民眾較常使用的磅數是在 50 到 60 磅之間,而職業運動選手往往都會把磅數提高到 70 磅左右,有經驗的職業選手甚至經由敲擊網線的聲音,就能辨別網線張力是否已退磅,以決定是否要重新穿線。前面也提過,網線穿的張力必須配合拍框的勁度,市售網球拍框上都會標記適合這個拍框的網線張力(圖 12-4),使用者可以針對擊球速度、控球性來調整最適合自己的網線張力:如果感覺擊球速度慢,則可以考慮降低磅數;如果感覺控球變差,則可以考慮將網線磅數增高。

圖 12-4　市售網球拍框上都會標記適合這支拍框的網線張力。圖中這支球拍建議穿的網線張力在 51-57 磅。

YouTube keywords：tennis string tension.

■50 lbs v.s. 20 lbs Tennis String Tension. 能分辨其中的差別嗎？

肆、網球拍的重量與長度

一、重量

　　網球拍的重量指的是還沒有穿上球線和纏上握把布等配件，是整支網拍的淨重克數。具體可分為拍頭的重量和拍身的重量兩部份，拍頭的重量能影響擊球時的力量，較重的拍頭在揮擊的時候可以將較大的動量傳遞給球，也就是回擊球的速度增加；但是拍頭重的球拍，相對轉動慣量就會較大，需要更大的力量來揮動球拍，因此是否選用拍頭較重的球拍，必須依使用者個人的肌力條件來決定。有經驗的使用者只要一拿到球拍就可以知道球拍重量，而一般第一次購買的人亦可透過標記在球拍上的貨品說明來瞭解（如圖 12-5 所示）。

　　從網球技術理論上可以認為，網球拍的重量與選手的技巧、

力量和能力有關，也就是網球拍的重量應隨著選手的球技與能力的改變作相應的調整。若球員使用太重的球拍，則揮拍時的動作會遲鈍，若使用太輕的球拍，則不容易應付強球而且容易翻拍。一般而言，青壯年適合的球拍重量約 320～330 克，中老年人適用 300～320 克，而女性球員則適合使用 280～300 克的球拍。

圖 12-5　市售網球拍框上都會標記球拍的重量、拍頭大小以及平衡點位置（重心位置）。

二、長度

　　對於網球拍的長度，選擇的標準，其一是依據使用者的身高；二是使用者所追求的打法特點。通常，選手會為了彌補身高的不足，而選用加長的網球拍。在技術風格上的打法類型也有底線型選手用加長拍，如知名的華裔職業網球選手張德培曾經量身

訂做一支加長型的球拍，配合他在底線迅速的移位，使其在打底線能擴大擊球的範圍；但加長的網球拍，轉動慣量會跟著增加，較不易快速揮動，因此上網型選手會選用非加長型的球拍。

附　註

1. 石世濱和相子元（1997）。網線材質張力及拍面大小
   對網球拍彈性恢復係數之影響。體育學報（23），
   189-200。

重點複習

1. 過去使用的木製球拍與現今使用的複合材料球拍，在功能上有何差異？如何影響球員的擊球表現？
2. 初學者為何選用大拍面的球拍較為適合？
3. 網線的張力如何影響擊球的表現？
4. 選用網球拍有哪些考量因素？

Chapter 13

棒球棒
(Baseball Bat)

壹、前言

棒球運動中，球員用來打擊所使用的球棒，常見的有木棒、鋁棒、複合球棒三種；由於國際棒球總會考慮棒球運動的安全性，已經逐步推展全面改用木棒的政策，在重要的國際比賽中，幾乎已經看不到鋁棒了，但在部分國際賽事及三級棒球的比賽中，仍可見到鋁棒的身影。依據棒球規則的規定，球棒必須是平滑的圓形棒，最粗的部分直徑不能大於 7 公分，長度不能超過 106.7 公分，若沒有經過主辦單位的認可，在正式比賽中不能使用以合成方式製成出來的球棒。

理論上來說，球棒長度愈長愈好，因為可以打擊到的範圍愈廣，但是如果球棒長度過長，也會造成揮棒困難 為什麼呢？，影響揮棒速度和操控性；所以球棒的長度因人而異，要選擇適合自己身材

條件及打擊特色的球棒長度，才能有較好的表現。

貳、各類球棒

一、木棒

　　木棒使用的歷史非常悠久，從棒球運動發明之後木棒就一直存在了，目前各國的職棒、國際賽事都已經規定要使用木棒打擊，一般的業餘球隊與學校球隊也慢慢跟進，木棒幾乎已經成為比賽中的主流。

　　木棒材質通常以白梣木（Ash）或楓木（Maple）來製作為主，木棒必須直接以原木切割，經過嚴格的篩選及分級，不能經過人工處理，只能由一根木材製成，所以通常會在上面看到天然的木材紋路。一支優良的木棒木紋筆直，顏色均勻，有較高的耐用度。木棒在比賽中要承受棒球高速的撞擊，再加上打者本身揮棒的力量，使木棒很容易有斷裂的情形，所以能用來製作木棒的木頭也需要經過挑選，並不是所有的木頭都能夠承受這麼大的撞擊力。適合作為木棒的材質有多種，以下介紹兩種主要製作木棒的木材：

（一）白梣木（Ash）

白梣木的木質較軟、重量較輕、彈性較好、能有較佳的打擊表現，但它的缺點是耐用度不佳，在美國職棒大聯盟中約有八成的選手使用白梣木製成的木棒比賽，也因為材質重量輕，所以白梣木棒在亞洲地區也普遍被使用。

（二）楓木（Maple）

楓木的木質比白梣木硬、重量較重、彈性較差，也因為楓木較重，在製作流程上也比較不容易，用來製作球棒有比較大的限制。由楓木製成的球棒在近年開始逐漸盛行，主要是因為美國職棒大聯盟的選手在身材上日益健壯，對於重量較重的球棒逐漸可以接受，再加上某些使用楓木球棒的球員表現出色，使得楓木球棒的評價提升。

YouTube Keywords：運動科學大調查-棒球 3。

推薦影片

■有關於木棒製作的詳細解說，並有球棒甜區的介紹。影片中可以發現當球撞在某一位置（也就是甜區中的節點）時，握把處的震動較小。

運動器材⑩科學

二、鋁棒

　　製作鋁棒的材質為金屬，而「鋁」是最主要的材質，但是鋁的硬度較低，所以通常不會用純鋁來製成一支球棒，而會用其他的金屬來合成，目前常見的鋁棒是由「鋁」、「銅」、「鎂」合金來製作。也許是因為工業發展的關係，鋁棒大概從西元 1970 年左右開始使用，在這之前的棒球運動幾乎都是使用木棒。鋁棒的彈性非常好，又因為金屬的延展性所以幾乎不會斷裂，揮棒的時候只要有足夠的力量，就可以把球打得又高又遠。對初學者來說，使用鋁棒打擊較容易上手，也會產生很大的成就感，但也因為鋁棒反彈表現佳，使得回擊球的速度比人體的反應還快，特別是打擊者與投手的距離更近，容易造成防守球員受傷，由於目前政策的關係鋁棒逐漸被淘汰，只剩下青少棒或壘球有在使用。

三、木棒與鋁棒的比較

　　木棒為實心棒，彈性較差且容易斷裂，若是沒有確實的擊中球心或是球棒的甜區，通常不容易將球打擊得很好。如果沒有足夠的打擊技巧，球在飛行時的軌跡有較大的變化時，打擊者往往因沒有掌握到好的擊球點，造成木棒斷棒或裂開的情形，所以使用木棒打擊是需要良好的揮棒技巧，揮棒的時候需要注意到擊球

點的問題，才能發揮強勁的打擊力道，而不是光靠蠻力就可以將球打得又高又遠。也因此，使用木棒比賽，可以看出整支球隊的實力，最重要的是可以保護守備的球員。由木棒打擊出去的球，飛行距離沒有鋁棒來的遠，相對的攻擊力就比較低，國際棒球總會才會有依安全性考量，將比賽球棒限制爲木棒的政策。又因爲木棒容易斷裂的特性，折損率較高，在大量生產的情況下，其實價格相對下可能比鋁棒來的低。

　　鋁棒爲空心棒，它的材質是由金屬所製成，由於彈簧床效應，所以空心的鋁棒比實心的木棒有較佳的彈性，且由於重量較輕，揮棒速度可以加快，通常不需要太好的打擊技巧就可以把球打擊得很遠，擊出的球比木棒有威力，容易出現長打。由於鋁棒不容易斷棒，折損率較低，需求量少，普遍價錢就會比較高。

四、複合球棒

　　複合球棒從外觀看起來與木棒並沒有甚麼差異，它的材質是白楊木、楓木和竹片壓縮聚合而成，所以也有人稱之爲壓縮棒、合成棒、竹棒等，將球棒橫向鋸開會發現裡面有壓縮過的竹片，主要是用來強化球棒硬度，減少球棒折斷的機會。複合球棒綜合了木棒和鋁棒的優點，彈性較佳而且不容易斷裂，打擊效能比木

棒來的強，揮棒時的力道不輸給鋁棒。複合球棒主要都是在訓練時使用，在一般國際正式比賽通常不被允許使用，但由於目前國際棒球總會積極推展改用木棒的政策下，複合球棒已經被當作全面改用木棒前的過渡球棒，在國內的一般普通比賽有時候是可以使用的。

五、填充棒（corked bat）

所謂填充棒就是將球棒遠端挖開，在球棒內部塞進軟木塞，使球棒變輕且增加彈性，因此一般都認為使用填充棒可以提升擊出球的速度，所以這樣的球棒在棒球規則中是不允許被使用的。但是填充棒真的能增加擊球的速度嗎？有研究[1]將木棒棒頭挖空，或是在挖空的部位塞入軟木，測量其與球碰撞的恢復係數（還記得恢復係數的定義嗎？請參見基本理論－動力學），發現挖空的球棒其恢復係數反而降低，在塞入軟木後，雖然恢復係數提升了，但是還是比原先未挖空的木棒恢復係數還低。此實驗證實填充棒事實上並無法增加擊球的速度，原因可能是挖空的棒頭，厚度不如空心鋁棒薄，較厚的厚度加上木頭材質，使得挖空的木棒無法具有如鋁棒的彈性，即使在加上軟木塞後，效果仍是有限。而棒球打者之所以認為填充棒有較佳的彈性，有可能是木

棒變輕使揮棒速度變快，但也可能僅是打者自己本身的心理作用罷了！但是不管如何，填充棒還是被禁用的。

　　而在壘球所使用的球棒中，有些廠商更是刻意使用複合材料或高科技製程，使得球棒的彈性變好，打者輕鬆就能擊出全壘打，尤其是慢壘比賽，就有明列禁棒的規則，甚至在某些地區性的盃賽，還出現整場限制擊出的全壘打數，如超過就算出局的有趣規定。而很多慢壘的俱樂部或盃賽，也都開始提倡使用木棒，以避免過多的全壘打，失去比賽的精彩程度。

參、球棒的選用

　　球棒的轉動慣量是選用球棒一個很重要的考量因素。通常棒頭較重的球棒，由於球棒質量遠離握把處，因此揮棒時的轉動慣量較大，使得揮棒的速度，或者說球棒的轉速變慢，也因而使擊球點速度變慢（還記得 $v = r \times \omega$ 嗎？當轉速 ω 變慢時，擊球點的速度 v 就會跟著變小）。雖然如此，棒頭較重的球棒，較多質量靠近擊球點，參與碰撞的質量較大，可以給與球更多碰撞前的動量，使球在碰撞後能產生較大的速度。但我們很快就可以發現，擊球點的速度和參與碰撞的質量彼此之間是互相抵觸的，

也就是說要是使球棒碰撞的質量增加，就必須犧牲掉擊球點的速度。當然，在選擇球棒上就必須考量到打者的身體適能條件，譬如說同樣都是 30 盎司的球棒，可能轉動慣量是不同的，有較好肌肉爆發力的人，就可以選用棒頭較重的球棒，犧牲掉的球棒轉速可以經由增加施予球棒上較大的旋轉力矩來彌補；反之，肌肉爆發力較差的打者，就可以選用質量分佈較均勻的球棒，使球棒揮擊的速度較快。當然，如果遇到的投手擅長快速球，更是要選用轉動慣量較小的球棒，使揮棒速度增快，以跟上較快的球速；有些球員則會採用握短棒，讓揮棒速度增快。

YouTube Keywords：Physics and baseball: An interaction of passions.

推薦影片

■ 這是美國伊利諾大學物理系教授 Alan Nathan 的專題演講，Dr. Nathan 和華盛頓大學的 Dr. Smith 有許多關於棒球棒的研究（詳見附註 1），有興趣的人可以花時間看看。影片在 21:00 介紹到 corked bat，在 29:37 提到球棒的 sweet spot，33:30 比較鋁棒與木棒的特性。51:25 介紹到 PITCHf/x 系統，這就是本書之前提到 k-zone 顯示的技術。

附　註

1. Nathan, A.M., Smith, L.V., Faber, W.L., and Russell, D.A.(2011) Corked bats, juiced ball, and humidors: The physics of cheating in baseball. American Journal of Physics, 79(6), 575-580.

重點複習

1. 木棒與鋁棒，在構造上與功能表現上有何差異？
2. 何謂填充棒？填充棒與正常使用的木棒有何差異？
3. 選用球棒必須考量那些因素？

Chapter 14

高爾夫球桿
(Golf Clubs)

壹、前言

　　高爾夫球一直被認爲是貴族的運動，因爲使用的運動器材設備相當昂貴，並不是一般學生或是上班族買得起的，更不用談加入俱樂部的高額會員費等。但自從曾雅妮登上職業女子高爾夫球的世界第一，以及 2011 年在台灣第一次舉辦的 LPGA 後，頓時高爾夫球就成爲許多人想要學習的運動之一。

　　高爾夫球的入門除了技術的學習外，也必須要知道如何選用正確的球桿。本章將介紹高爾夫球桿的科學，包含木桿、鐵桿以及推桿，以及與球桿有關的力學特性，如桿面角度（loft）、桿頸角度（lie angle）、揮桿重量（swing weight）、桿身勁度（shaft stiff-ness）等。

貳、高爾夫球基本裝備

　　高爾夫運動的基本裝備，包括球具（球桿組 clubs）、球（ball）、置球座（tee）與手套（glove）等。而球桿品質的優劣與適用性，會直接影響個人技術的發揮以及成績的表現，甚至對於很多高爾夫的初學者而言，不適當的球桿與技術，也可能會造成運動傷害。在目前科技發達的時代，材料的研發以及製程的改良都使球桿的品質大幅提升。

　　高爾夫的規則提到：「球員在開始進行規定之回合時所用之球桿總數不得超過十四支」，也就是說「一套」高爾夫球桿組，球桿總數不可以超過十四支，多了要罰兩桿。通常球桿組中會包含木桿（三或四支）、鐵桿（九或十支）以及一支推桿（圖14-1），因此有 4 木 9 鐵 1 推 1 包（球包）的說法。初學者在一開始學習的時候，可以使用一支鐵桿來練習基本動作，因為以初學者來說，會以尋求擊球的動作正確為首要目標，而不需要一開始就要求打的又高又遠，因此以鐵桿的擊球特色來說是較為適合的（在後段的內容中將會有較詳細的說明）。整套球桿的組成和購置應該視個人的喜好及揮桿技術而定，在購買球桿時最好能先試打。

圖 14-1　高爾夫球桿包含木桿、鐵桿和推桿，可以看出其中的差異嗎？

　　球桿的三個主要組成部分：桿頭、桿身和握把，長度大約在 0.91～1.29 公尺之間，其設計的基本概念包含球桿長度和揮桿重量。球桿桿頭的配重會將大部分的質量集中在最底部（圖 14-2），擊球時可以產生更多升力 為什麼呢？。而桿身的柔韌性（flexibility）則會依球員擊球的物理特性而有所差異，如：強度、擺動或身高等因素。桿身是由鈦、碳纖維或不銹鋼等材料所製成，不銹鋼的桿身能增加出手時的力量及控制能力，彈性小但扭力好，也因為重量較重、材質較硬，所以穩定性佳，缺點是揮桿時費力且距離短，適合揮桿速度快且有較佳控制性與穩定度的使用者，不銹鋼桿身價格不高，故在製造時能大量生產；而鈦及碳纖維材質的特性與不銹鋼材質相反，彈性大重量輕，所

以能夠增加桿頭速度進而增加擊球距離，外觀質感佳，但缺點就是控制性較差，適合缺乏力量或者無法將球打高打遠的球員。桿身一般是空心的，一方面可減輕重量，另一方面可以增加球桿的柔韌度；彈性較好的桿身，在揮桿時就像甩鞭子一樣，末端力道強勁，桿頭在擊到球前甚至會加速。

圖 14-2　球桿桿頭的配重會將大部分的質量集中在底部。圖中為鐵桿桿頭的背面，可以看到質量分配在桿頭周圍，而且桿頭的底部最厚，整個桿頭的質量中心是靠近桿底的。

　　球桿如何與球碰撞，會影響球最後飛行的軌跡，這和碰撞後球的速度（大小和方向）和旋轉有關。球桿是以桿頭碰撞球，以動量傳遞的概念，若要使碰撞後的球有較大的速度，桿頭在碰撞前就必須具備有較大的動量，而桿頭的質量和速度就直接決定

桿頭的動量：桿頭愈重、桿身愈長（旋轉半徑愈大，桿頭速度愈快），桿頭的動量就愈大。木桿桿頭比鐵桿大，桿身長度也較長，因此以木桿擊球，球通常可以獲得較大的速度。而球擊出的飛行角度和球桿桿面角度（loft）有關，通常木桿或鐵桿的桿面都會有一後仰角度，當然不同號碼的球桿後仰角度就不同。桿面角度愈大，碰撞後球飛行的角度就愈大，或者說彈道就愈高。

　　若要使球旋轉，就必須有力量去摩擦球。高爾夫球桿桿面會有凹槽的設計，增加「抓住球」的能力，另外桿頭質量大部分分配在底部，使桿頭大部分的有效質量碰撞在球的底部，使碰撞後的球產生後旋（back spin）。由於高爾夫球表面有許多凹洞（dimples），當球產生後旋時，氣流的作用會造成馬格納斯效應（參見基本理論－動力學），球便會受到升力作用，增加空中飛行時間及最後飛行的距離。高爾夫球有凹洞的表面，也會使球在高速飛行時，產生較小的阻力 這阻力是從何而來的？，使球可以飛得更遠。

YouTube keywords：slow motion of golf ball being hit.

推薦影片

■ Golf impacts- slow motion video.桿面角度愈大（愈後仰），擊出球的飛行角度愈大，且後旋（back spin）轉速愈快。影片在 0:40，可以看到用 1 號木桿擊球後，球的飛行角度小，且後旋不明顯。

底下我們將分別介紹木桿與鐵桿的特性，並做比較。

一、木桿（wooden golf club）

木桿又可分為兩種，一為發球桿（driver, or 1 wood），另一個為球道木桿（fairway woods）。一號木桿擊球有力，稱作開球桿，若在第一桿就能用它擊出很遠的球，相對的在之後就可以用較少的桿數打完該洞。木桿的特點是桿身長，桿頭較大，桿頭在擊球前會有較大的動量，因此擊出球的速度也會較快。早期的「木桿」是由柿木或楓木造的桿頭，所以稱為木桿，因為木頭遇水會膨脹，雨天擊球後都需要保養，現在已經很稀少了。

目前的木桿桿頭有百分之七十以上是由各種不同的合金材質製成，稱之為金屬木桿，大部分的金屬木桿以不鏽鋼和鈦金屬材質為主。一般而言，木桿桿頭的體積較其他的球桿稍大些，目的

在追求擊球之距離，爲長距離球桿。木桿可分爲 1、2、3、4、5、6、7、8、9 號，而市面上以 1 號木桿（driver）、3 號木桿（spoon）、4 號木桿（buffy）、5 號木桿（cleek）較常見，對女性而言 3、4 號木桿較難打，所以才會推出仰角（loft 或稱爲桿面角度）更高的 7 號或 9 號木桿。號碼愈小，桿身長度就愈長，桿面角度愈小；反之，號碼愈大，桿身長度愈短，桿面角度愈大（圖 14-3）。

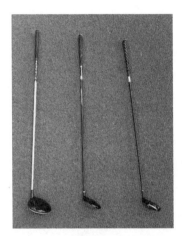

圖 14-3 號碼愈小的木桿，桿身長度就愈長，桿面角度愈小。圖中由左至右依序爲 1 號、3 號、5 號木桿，注意看 1 號木桿（最左邊）與其他木桿有何差別？

運動器材的科學

選手比賽時通常在標準桿 5 桿的長洞時（距離 431 公尺以上），會使用 1 號木桿發球，以爭取距離優勢，因爲 1 號木桿桿頭大、桿身長，桿面角度最小，大致上在 6 至 12 度之間（桿面角度 0 度時表示桿面與地面垂直）。桿頭大提供較大的碰撞有效質量；桿身長，使桿頭在擊球前的速度增快；桿面角度小使擊出球飛行的彈道較低，球落地後還會因水平速度的關係而向前繼續滾動，因此在開球後就能使球更靠近果嶺。

二、鐵桿（iron club）

鐵桿早期是用「鐵」造的，現在則大多爲鋼製或合金材料。鐵桿的擊球部位是用軟鐵來製造，桿頭的底部比木桿的底部小，也比木桿薄，長度短，重量較輕。大多數不銹鋼桿身的鐵桿有不同的彈性，鐵桿桿頭較小，擊球距離有一定限度，特性是容易保持擊球的方向性。打高爾夫球主要就是讓球接近目標，就算沒有達到目標也要以接近目標爲首要目的，所以鐵桿通常用於尋求精確的準確度。鐵桿可分爲長、中、短三種，按照鐵桿長度可以分爲 3、4、5 號桿爲長鐵桿（1、2 號鐵桿一般較少使用）；6、7、8 號桿爲中鐵桿，9、10（P）號桿、挖起桿 A 桿爲短鐵桿，另外還有沙坑桿 S 與高角度的特殊桿。同樣地，號碼愈小，桿身

長度就愈長，桿面角度愈小；反之，號碼愈大，桿身長度愈短，桿面角度愈大（圖 14-4）。因此，長鐵桿可擊出彈道較低、球速較快的球。職業選手較講究短鐵桿的角度，不同的角度可以擊出不一樣的高度和旋轉程度，依球桿的長短及桿頭的桿面角度差異可以打出不同的距離。近來就有廠商將球桿的桿面角度調小，譬如將 5 號鐵桿的桿面角度調得和 4 號鐵桿的桿面角度一樣，使球桿感覺上好像可以打的更遠。

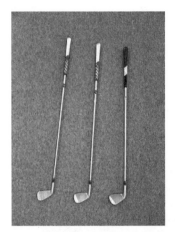

圖 14-4　號碼愈小的鐵桿，桿身長度就愈長，桿面角度愈小。圖中由左至右依序為 4 號、7 號以及 P 桿，注意看 3 支球桿有何差別？

鐵桿依桿頭設計的不同可分為刀背式和凹背式，刀背式的重心較高；而凹背式的重心較低，底部較重，甜區面積較大，所以比較容易擊中球，也可打的比較高，目前市面上比較常見的是凹背式鐵桿。相較於木桿，因為鐵桿上有較多的凹溝，擊球後球的旋轉速度較快，將球打到果嶺上時，有效能量會被草吸收，球會咬住果嶺，故需要較大的揮桿速度。

三、推桿

推桿是用在果嶺上朝球洞方向推擊球的專門球桿，球上果嶺後絕大部分會使用推桿將球推入球洞，所以推桿被認為是最重要的球桿，因為除非是使用木桿或鐵桿時直接將球打進洞，否則在球場上每一洞都需要用到推桿。早期大多用鐵或銅鑄造製成，近年各廠牌使用多種材料製造，使其有更好的手感與性能。推桿的桿身較短，桿面傾角最大不超過 5 度，最早多設計成 L 型，現在則可分為 T 型、L 型和 D 型等多種不同的推桿，至於要使用哪一種，就要看選手使用起來哪種較順手，哪種效果較好，推擊的成功率較高，不論是哪一種型的推桿，它們的共同特色就是桿面平直。T 型推桿，桿身附著在桿頭中間，容易對準在中心點擊球；L 型推桿，桿身連接在桿頭的根部，缺點是擊球時容易偏離

中心，不易掌控；D 型推桿，桿頭底部較厚、較重，易於做出鐘擺的打擊動作。

四、挖起桿

挖起桿是球袋中不可缺少的球桿，它就像救命仙丹，當小白球卡在果嶺邊的沙坑或深厚的草堆中時，就必須使用挖起桿把球擊高重回果嶺上。挖起桿依其用途可以分成劈起桿和沙坑桿，劈起桿的桿面角度較大，桿身短，重量重，適合打拋高的球，在近距離要將球打上果嶺或要穿越過眼前障礙時，使用劈起桿（PW 或 A）；而在沙坑中要將球救出時，就要使用沙坑挖起桿（SW）。

參、揮桿重量（swing weight）

一、揮桿重量的重要性

如果說一套球桿外表的設計為外在美，那揮桿重量就可說是它的內在美。遠在半個世紀前，一些高爾夫專業行家就已非常強調揮桿重量的觀念，可說是沒有揮桿重量就沒有高爾夫球具的設計。以最簡單的定義，揮桿重量指的是揮桿時桿頭、桿身、握

把等重量的分配與平衡的狀況。揮桿重量與球桿的重心和重量有關，重量越重，重心離握把越遠，揮桿重量就越大，這和我們之前提到的轉動慣量的概念是相似的。

選擇揮桿重量時，要配合自己的揮桿節奏與桿頭速度，通常使用了過重或過輕的揮桿重量，將易誤導用力過度或無法順勢協調使力；使用到適合自己節奏與速度的球桿，可使球的飛行距離增加。一套真正好的球桿組，其揮桿重量除了挖起桿較正常重一些之外，整套球桿的揮桿重量應該是一致的；假設揮桿重量忽輕忽重的，將會導致重量感錯亂，而無法正確揮桿，一般職業選手對此都非常重視，身為業餘的打者更不可不注意。以雙手握著握把如擊球前的姿勢，然後將球桿提起一直到桿頭達水平位置時，那種重量感就可以視為揮桿重量的感覺。

二、揮桿重量的測定

目前使用最普遍的測定儀器是在距離握把頂端 14 吋處作為支點，然後再測量整支球桿的重量分配（圖 14-5）。按照揮桿重量由輕到重，將其分為 A、B、C、D、E 等數級，並規定 A 級最輕，依序愈來愈重；其中每一級又以每 1/20 盎司為單位再劃分作 10 階，例如 D 級中分為 D0、D1…D9。一般以東方人的體

型而論，男性打者適用 C6 至 D2 之間，而女性大多適用 C2 至
C8 之間，而依據資料顯示：業餘男性球友大多適用 C8〜D0，
而女性則爲 C3〜C6，職業選手通常使用 D4〜D8 的球桿。但這
些數值都是相對而不是絕對的，即使兩支球桿的桿頭重量相同，
若配上兩種不同長度的桿身，打起來的重量感覺也會不一樣。

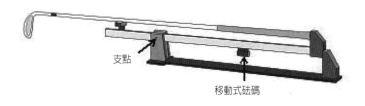

支點

移動式砝碼

圖 14-5　高爾夫球桿揮桿重量的測量方式。

YouTube keywords：Golf club swing weight.

■Golf is hard- Swing weight lesson.介紹如何測量球桿的揮桿重量。

肆、桿身勁度（shaft stiffness）

　　將球桿端部（butt）固定，而於球桿頂端施以一固定重量，視其彎曲度而訂定其勁度的大小，愈軟的（flexible）桿身，愈容易彎曲變形。桿身較軟，下桿時因鞭打效應，桿頭會有加速作用，但相對桿頭會過度扭轉，造成擊球準確性降低。通常太軟的桿身易使打者擊出左曲球（hook）；太硬的桿身易使打者擊出右曲球（slice）。勁度可用來表示桿身的彈力，對於彈道的穩定性與球的飛行距離來說也是非常重要的，桿身愈軟，球的飛行距離愈遠；桿身愈硬，飛行彈道愈穩定。球員應該配合自己的揮桿特性，以及個人肌肉爆發力來選擇適合的球桿硬度，如肌肉爆發力較好的人就可選用桿身較硬的球桿。

　　桿身勁度大小，由軟到硬可以分為：女士 L（Ladies）、業餘 A（Amateur）、普通 R（Regular）、硬 S（Stiff）、超硬 X（Extra-Stiff）等五種規格，但因為每個廠商對勁度的測量及標準都不太相同，可能甲廠商的 A 勁度等於乙廠商的 R 勁度，所以廠商可能會使用自己的勁度值來分級。球桿勁度的選擇，可以依據打者揮桿的速度來決定：L：75 英里／小時以下，適合女性使用；A 或 R：75 至 85 英里／小時，適合青少年或長青族

使用：R 或 S：85 至 95 英里 / 小時，適合一般男性使用；S 或 X：95 至 108 英里 / 小時，適合體力較強的男性使用；X：108 英里/小時以上，適合職業選手使用。

依桿身的折曲點（Flex Point/Kick Point）位置不同，一般可分為：高（HP，靠近握把）、中（MP，相對中間）、低（LP，靠近桿頭）彎曲點，它會影響揮桿時彈道的高低和桿頭的速度。一般而言折曲點越高，較不容易擊中球（鞭打效應越明顯，但相對桿頭可能扭轉過多），初學者應避免之，但對技術較好的打者而言，因彈道低距離遠，可提升擊球表現。就比如踢足球時把膝蓋與腳踝當作折曲點，若我們以膝蓋為折曲點時，球踢出去的飛行距離較遠且彈道低；而以腳踝為折曲點時，踢出去的距離較短，但相對的比較容易控制球的方向。折曲點也影響打者對桿身的「感覺」，可以感覺出差異的高爾夫球員會發現，彎曲度高使桿身的感覺是一體的，而彎曲點低則桿身的感覺像桿頭掠過球，所以選手還是需要根據自己的要求選擇不同彎曲點的桿身。

揮桿動作中，因桿頭重量及桿身勁度而導致桿頭轉動的角度，簡稱為 TQ，角度愈小表示桿身抗扭力愈強，球面偏離將愈小。一般而言，揮桿速度愈快的打者，其需要抗扭力愈強；但揮桿速度不快，也就是力道較弱的打者，則不需要抗扭力太強的桿

身。一般抗扭力越強的桿身造價就愈高，這也是使用者必須衡量的一點。

伍、桿頸角度（Lie angle）

另一個與擊球準確性有關的就是球桿的桿頸角度，特別是針對鐵桿而言。所謂桿頸角度，指的是球桿桿底緊貼地面時，桿身中心線與地面所構成的角度（圖 14-6）。桿頸角度會影響擊球方向，若選用球桿的桿頸角度不適合自己的揮桿動作，使得球桿擊中球的時候桿頭底面沒有與地面平行，就會造成擊球出現左偏或右偏的情況。如果擊中球瞬間桿趾是翹起的（圖 14-7 左），則會使得擊球向左偏，此時桿頸角度就過大（too upright）；反之，若翹起的是桿跟（圖 14-7 右），球會向右偏，此時桿頸角度就過小（too flat）。尤其當球桿的桿面角度愈大時，因桿頸角度不同造成球飛行路徑偏差的情況就會愈明顯。

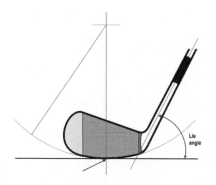

圖 14-6 桿頸角度：球桿桿底緊貼地面時，桿身中心線與地面所構成的
角度。

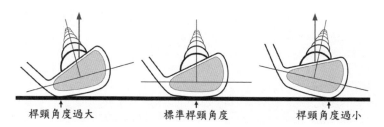

桿頸角度過大　　　標準桿頸角度　　　桿頸角度過小

圖 14-7 桿頸角度過大（too upright）或過小（too flat），都會造成擊
球後球飛行路徑的偏差。左圖桿趾翹起，表示桿頸角度過大；
右圖桿跟翹起，表示桿頸角度過小。圖中直線為球擊出後的方
向，橫線為與桿底平行的線，由圖中可以發現兩條線是互相垂
直的。桿身與地面夾角為正確的桿頸角度，而桿身與橫線的夾
角為現在球桿的桿頸角度，由圖中可發現左圖球桿桿頸過大，
而右圖球桿桿頸角度則過小。

運動器材的科學

　　一般檢查桿頸角度是否適合的方法，是在桿頭底部貼上膠帶，將球置於地面的橡膠墊上，揮擊時桿頭底面與橡膠墊摩擦會留下痕跡，觀察此摩擦痕跡的位置，可以了解目前球桿應如何調整來符合球員揮桿動作。若摩擦位置靠近桿跟（桿趾翹起），則表示桿頸角度太大，應該調小；反之，若摩擦位置靠近桿趾（桿跟翹起），則表示桿頸角度太小，應該調大。正確的桿頸角度，摩擦位置應該會接近桿底的中間位置。這樣的調整方法又稱為「桿頸角度動態調整法」。

YouTube keywords：Golf iron lie angle.

推薦影片

■Why Lie angle of your Golf Club is CRUCIAL to your golf game. Club Fitting Series.介紹「桿頸角度動態調整法」。

　　當球員希望利用全身力量擊出遠球的時候會需要較大的身體旋轉，會站在離球較遠的位置以獲得更大的旋轉半徑。但由於手的高度改變不大，這時就會導致球桿需要較小的桿頸角度，以配合揮桿的動作。相反的若需要較高精準度時，球員通常會縮小揮桿動作以得到較好的控制，桿頭就會相對靠近身體，因此必須加

大桿頸角度。另外個人因素方面，如手與地面之間的距離也會直接影響桿頸角度的大小，距離較短（手腕高度較低）的人適合球桿的桿頸角度較小。當然，如果是初學者因為本身揮桿動作就不是很穩定，因此桿頸角度的調整對初學者來說意義就不是很大。

YouTube keywords：science of sport golf.

■NGC- Science of Sport- Golf-I, II, III （運動的科學次方-高爾夫）。介紹高爾夫球運動的科學，包含揮桿姿勢的生物力學分析(I)、高爾夫球桿(II)和球(III)的力學特性等。

重點複習

1. 高爾夫球桿包含木桿、鐵桿和推桿，其在構造上有何差異？選用的時機為何？

2. 何謂桿面角度？如何影響球的飛行軌跡？

3. 木桿與鐵桿的編號，代表的意義是甚麼？

4. 何謂揮桿重量？為何球桿組中的每一支球桿（挖起桿與推桿例外），必須要求有相同的揮桿重量？

5. 高爾夫球上的凹洞，如何影響球飛行的軌跡與距離？

6. 何謂桿頸角度？如何影響球的飛行軌跡？

7. 選用高爾夫球桿應考量那些因素？

健身運動器材
（Fitness Equipment）

壹、前言

　　健身運動器材大約是在 1960 年代開始興起，主要是人們因為時間、氣候、環境等因素降低了規律運動的動機。所以，在開始談健身運動器材之前，先來看看到底是甚麼原因造成人們不運動？還是它可能只是我們不想運動的藉口。

貳、不運動的原因

　　一般人沒有規律運動的原因，大致有以下幾點：

一、沒有時間

　　這幾乎是現代人，尤其是上班族不運動最常使用的理由。對現代人來說，「我沒有時間」、「我最近很忙」，好像已經常被拿來

當作不做某件事的理由了，但我們到底在忙甚麼？當然這是時間管理的課題，我們不便在此做討論，只是真的有很多人常以自己沒有時間來當作不運動的藉口。可是逛街有時間、看電視有時間、吃飯睡覺有時間，為什麼要運動就沒有時間了？所以，事實上我們是有時間可以運動的，也許你只是不知道如何開始，或是不知道該如何正確運動及持之以恆，甚至不知道運動可以帶給你意想不到的樂趣。

二、懶得動

懶得動也常被拿來當作不想運動的理由，有的人甚至討厭運動後全身流汗黏答答，發出汗臭味的感覺；也有人可能太久沒運動了，不太容易也不想再喚醒那「沉睡已久」的肌肉。總而言之，就是希望空閒時能夠躺在沙發上，邊吃零食邊好好看一場電影或球賽轉播，做一個名副其實的 couch potato。但要知道的是，當你每日攝取的熱量高於消耗的熱量時，多餘的熱量就會被儲存起來，而最有效率的方式就是以脂肪的型式儲存，一旦如此你的體重就會急速增加。以牛頓第一運動定律來說明，體重愈重慣性就愈大，就愈不容易動起來，或者說你就愈懶得動，結果體重就繼續增加，如此惡性循環

下去，要減肥就難上加難。所以解決的方法就是，趕快動起來吧！喚醒你沉睡已久的肌肉！也許一開始會讓你很不舒服 因為你必須使用更多力量才能動起來，這是那一個運動定律呢？ ，但是運動完後因為肌肉被重新啓動，走起路來會更覺輕盈，而且如此持續一段時間體重必會下降，雖然下降的幅度可能不大，但要耐心等候唷！久了必能看到成果。

三、沒有運動設施

有些時候可能真的因為沒有適合的運動設施或器材，所以無法從事規律運動。譬如想要打個球，可是家裡附近沒有球場，在學校球場又到處都是人。此外，想要好好打個球，卻發現球拍、運動鞋都好貴，有些運動場地還必須付租金等。但是運動種類何其多，有些徒手的運動，如快走、慢跑、伏地挺身、仰臥起坐、各式柔軟操，對於提升體適能都是很好的運動，這些運動都不需要額外購買昂貴的器材設備，試試看吧！

四、天氣不佳

天氣不好也是阻礙我們運動的原因之一。天氣太熱、太冷、風太大、太陽太大、下雨可能都不太適合做戶外的運動。但上面

提到的徒手運動，有些其實都可以在室內進行，而現在興起的健身俱樂部或是體適能中心，也就是因應天氣因素，使我們在室內也同樣可以進行許多健身運動。

五、沒有運動細胞

有些人不運動是因為認為自己沒有運動細胞，動作不協調，速度不夠快，跳不夠高……，常常朋友或同事邀去打球，都因為自己不會打而回絕。但是像快走、慢跑這類運動，其實都不需要太多技巧，尤其是快走，強度不會強，除了能具有延續性外，邊運動還能邊和夥伴聊天分享，是一個對要開始從事規律運動的人來說，非常適合從事的運動。而且在學生時代培養一項球類運動能力也是應該的啊！所以在學的學生，特別是大學生們，應該好好利用學校的體育課或是參加系隊，將某一項球類運動技能培養起來。有志者事竟成，都能讀到大學了，學好一樣運動技能不會是甚麼困難的事啦！

六、沒有運動夥伴

有些運動的確需要運動夥伴，譬如球類運動，運動夥伴除可陪伴運動，減少運動的無趣外，還可藉由彼此的競賽增加技能。在快走或慢跑時，邊聽音樂或是思考正在面臨之問題的解決方

法，也是一個能減少運動無趣的方式。運動可能帶來的無趣或負面的效應，是推廣運動的人（包含學校的體育老師），必須要注意的，告訴需要運動的人運動對身體健康有多大的幫助，還不如讓他親身參與運動，並從運動中經歷運動所帶來的樂趣。

七、其他

　　也許還有其他原因（或是藉口）讓你無法從事規律運動，但不管了！就是去動一動吧！即使只是快走個 10 分鐘，都是有效果的，也可以是一個很好的開始。如果還一直停留在計畫、評估，那還是無濟於事的。心動不如馬上行動！但也要注意不要 1 天捕魚、10 天曬網，這樣運動不但沒有效果，還可能因為某一次運動強度過大而造成傷害。而且規律運動才能增加基礎代謝率，對消耗體內多餘的脂肪才是正道。

　　從以上琳瑯滿目的原因，可以發現大部分人沒有從事規律運動不是沒有道理的。也因此，在現代，特別是大都會地區，健身俱樂部因應而生，而在這些健身俱樂部中所使用的體適能運動器材，如跑步機、固定式腳踏車、重訓器材等，不但可在室內運動，而且可邊看電視邊運動，也不需要特殊的運動技能或運動夥伴，自己就能設定自己喜歡的運動課程，正是解決了以上大家無法運動的多數原因。

參、健身運動器材

一、體適能簡介

在正式介紹健身運動器材之前，先來簡單介紹一些體適能的概念。體適能，或可說是人體適應環境變化的能力，依目標要求可以分為健康體適能與競技體適能。健康體適能，顧名思義就是為擁有健康而必須具備的體適能，如心肺適能、肌肉適能、柔軟度、身體組成等；而競技體適能則是為提升運動表現，如瞬發力、平衡、協調性、反應時間、速度、敏捷性等。在學校所實施的體適能檢測大都是屬於健康體適能，目前教育部已有測試的標準流程與常模可供參考；而針對選手所實施的體適能是屬於競技體適能，有些項目可能需要專業的電子儀器設備輔助測量，而有些運動項目甚至會擬訂符合該運動的專項體適能檢測。目前市面上看到的體適能運動器材，大多還是以健康體適能為主，較少關於提升競技體適能的運動器材。

二、健身運動器材

健身運動器材大致可分為心肺訓練器材及阻力訓練器材，少部分是針對訓練柔軟度或是提升競技體適能的器材。心肺訓練包

含跑步機、固定式腳踏車、階梯機、划船機等，阻力訓練器材包含自由重體（free weight）及重量訓練機台等。以下就各項器材做介紹：

（一）心肺訓練器材

1. **跑步機**（treadmill）

目前市面上常見的跑步機都是電力驅動的電動跑步機，其主要構造有包含驅動馬達的下控系統、具有顯示及觸控功能的上控系統以及可以升降的跑台等，另外有可讓使用者擺放水壺或私人用品如手錶、鑰匙的架子以及安全裝置等。

(1) 上控系統（console）

上控系統（圖 15-1）的功能在負責接受使用者輸入訊息，以及顯示系統的輸出訊息。輸入的訊息除了使用者經常使用的速度與坡度的改變外，還可以選擇輸入各樣系統已設定的訓練課程，或是自行設定的課程。有的跑步機在扶手部位設有感應器，使用者將手握在感應器上，系統即可監控使用者在運動過程中的脈搏。另外，有保護使用者安全的 safety key，必須綁在受試者身上，一旦使用者因為跟不上跑步機速度往後移動或是不慎跌倒時，safety key 就會脫落，系統就會切斷電源使跑步機跑帶停止。但通常使用者不太喜歡用 safety key，而這是很危險的。有時候跑步機無法啟動，也可能是 safety key 鬆脫了，造成機台的電源無法開啟。

圖 15-1　SportsArt T680E 跑步機的上控系統，包含輸入按鍵、safty key 以及各項資訊顯示，而且可收看有線電視的節目。

使用按鍵調整速度必須注意的是，持續按住（hold）速度鍵或間斷式敲擊（click），速度的改變是不一樣的，而且馬達通常會有一段延遲時間才會到達到面板顯示的目標速度，因此使用上必須非常小心，最好每次不要增速太多，等跑帶跟上目標速度後，再來決定是否增加或減小速度。

最忌諱由別人按速度鍵,因為按的人無法感受速度大小是否適中,加上馬達會有延遲的時間,亂按的結果就可能是意外發生的時候。

每個機台能夠跑的最快速度,與馬達的功率(以馬力表示)有關,通常俱樂部使用的跑步機比起家庭用的機台有較大的馬達功率。坡度的選擇範圍則在 0-16% 之間(有的機台是 0-15%),坡度的計算是以跑台前端上升的高度除以跑台的長度,所以你可以由坡度的百分比,換算跑步機跑台上升的高度;有的機台則是以跑步機後腳處往機台前 1 公尺處為基準,去量測跑台前端上升的高度,每上升 1 公分為 1%,上升 15 公分就是 15%。同樣的,敲擊坡度鍵後,跑台必須經過一段延遲時間才會到達目標坡度。上控系統輸出的部分,包含跑帶的速度、坡度、運動持續時間、距離、消耗總熱量以及脈搏等。速度顯示通常是以每小時多少公里,但每個機台所設定的單位不一,可查閱使用手冊確定。顯示的方式可以由使用者選擇,可以是自動連續切換模式顯示各樣資訊,也可以採用手動設定的方式。有的跑步機甚至有液晶螢幕,可以收看有線電視,一邊看電視一邊運動,不知不覺中運動時間就會被拉長,但

是如果只是佔著跑步機看電視，那就失去原先設計的意義了。有些機台也會有很有趣的顯示資訊，譬如在運動前在面板上選擇一個漢堡的圖案，在運動過程中消耗的熱量就會以漢堡被吃掉多少來顯示[1]，如此使用者就會知道自己要做多久的運動才能消耗掉一個漢堡的熱量，下一次吃東西前就會三思而後行了！

(2) 下控系統（motor assembly）

下控系統包含馬達、驅動元件及控制電路板，也是電源輸入的地方。一般跑步機馬達的連續負載馬力（continuous duty）大約在 0.5 到 3 馬力（H.P, Horse Power），俱樂部專用的跑步機（最大速度在 12MPH 以上）選用的馬達馬力通常較高，而家庭用的（最大速度在 10MPH）則較低。跑步機的下控系統通常位於跑台的前方，馬達轉動後會經由傳輸帶轉動跑台前方滾輪以帶動跑帶，通常在馬達末端軸心處或前滾輪皮帶輪處，會裝設遮斷器、磁感應器或紅外線等感測器來感應速度，經由電腦計算後顯示跑帶速度於儀錶板上。

(3) 跑台（platform）

跑台包含跑帶（drive belt）、支撐跑帶的平台（deck）、

跑帶兩側的踏板以及支撐跑台的四個腳。跑帶前下方的油壓器、平台軟硬度以及支撐腳材質都會影響整個機台的吸震效果。在要結束跑步機上的運動時，應該漸漸調慢跑帶的速度（cool down），最後以兩邊把手做為支撐，將雙腳移離跑帶踏在兩邊的踏板上，然後才將系統歸零或是關閉電源。最好不要順著跑帶速度向後溜下平台，雖然很酷，但卻是相當危險的動作。

除了電動跑步機外，最近國外也盛行以人力驅動的跑步機，如 woodway speed board，整個機台都是採用低摩擦的機械元件，而且跑台是採用曲線外型，這樣的外型主要是配合跑步時足部的軌跡而設計。當使用者擺盪腳往前跨出後，會向後向下接觸跑帶，藉由此接觸前的足部運動帶動跑帶向後移動，所以前方上彎的部分，可決定跑者速度大小改變，也就是說跑者著地腳在愈上方接觸跑帶，加速距離愈長，速度就會增加；著地腳在愈下方接觸跑帶，加速距離短，速度就會減小。而後方彎曲曲面也是配合腳離地前的軌跡，使能持續增加對跑帶的施力。

YouTube keywords：speedfit, woodway curve

■ SpeedFit-Speedboard-First Curve Prototype-Alex Astilean。

跑步機也可與辦公桌結合，也就是所謂的 treadmill desk。譬如接電話、收電子郵件、上網查詢資訊等較簡單的行政工作，或是參與會議討論，都可以在跑步機上進行，雖然都只能進行較慢速的走路運動，但長期累積下來也會消耗可觀的熱量，對於沒有規律運動的上班族來說，是相當不錯的選擇。但跑步機畢竟價格較為昂貴，公司主管不一定肯砸下經費購置跑步機放在辦公室中，供員工在辦公時使用。

YouTube keywords：Treadmill desk.

■ Treadmill desk story.

2. 健身腳踏車（fitness bike）

與跑步機相比，健身腳踏車價格相對較便宜，而且不占空間。此外，腳踏車運動是低衝擊的運動，對於下肢關節有傷

害的人是非常適合從事的運動。健身腳踏車又可分為坐式與臥式兩種，臥式的腳踏車提供背部支撐，提供運動時有更好的舒適度。和騎乘一般自行車一樣，使用固定式健身腳踏車，也要注意坐墊高度的調整，以臥式腳踏車為例，最佳的坐墊位置應使腳踩踏到最前面時，膝關節是接近伸直、稍微彎曲的狀態。如果坐墊位置太前面，致使腳踩踏到最前面時膝關節是呈現明顯彎曲的，如此的踩踏方式較為費力，而且對膝關節會產生較大的壓力負荷。

腳踏車的機台同樣有上、下控系統，在上控系統部分也有不同的按鍵（key）可供選擇，比如踩踏的阻力、不同的騎乘路程或是運動時間等，而顯示板也可看到運動持續時間、距離、消耗總熱量及踩踏的轉速等。目前大部分的健身腳踏車的電力來源多由踩踏的力學能轉換成電能儲存起來，而踩踏的阻力有摩擦阻力、油壓阻力以及電磁阻力等，這裡面當然電磁阻力可產生的阻力較大，壽命也較長。另外，有的機台除了可以在騎乘時訓練心肺以及下肢肌耐力外，也設計了提供上肢肌力訓練的阻力機構（圖 15-2）。而一般飛輪訓練所使用的腳踏車，車輪的重量都較重，可有效儲存踩踏的動能，讓踩踏更順暢平穩。

圖 15-2　SportsArt XT50 健身車除了踩踏的功能之外，也同時提供上肢
肌力訓練的阻力機構。

筆者曾指導本校工業設計系學生參加 2009 年運動科技創新
設計競賽，以「Angle free」作品（圖 15-3）榮獲特優獎[2]，
此作品乃是針對目前現有健身腳踏車的功能提出改良。現有
的健身腳踏車都是以阻力大小來模擬上下坡的地形，但是這
和實際道路上下坡騎乘感覺是不相同的，因此在設計上使腳
踏車車身是可以傾斜的，當騎乘上坡路段時，除了系統給的
阻力變大外，車頭會朝上模擬爬坡的感覺；當騎乘下坡路段
時，系統給的阻力變小，且車頭會朝下模擬俯衝的感覺。近
年國際市場上也已出現類似功能的健身車（PRO-FORM@
TDF Pro），車身傾斜範圍可以模擬+20%的上坡和-20%的下

坡地形，並且搭配環法自由車賽的實際路線，使用者在室內即可有實際公路賽的騎乘體驗（http://www.youtube.com/watch?app=desktop&v=Idj6qKsO4t0）。

圖 15-3　2009 年運動科技創新設計競賽特優獎－「Angle free」。當騎乘上坡路段時，車頭會朝上模擬爬坡的感覺；當騎乘下坡路段時，車頭會朝下模擬俯衝的感覺。

3. 心肺交叉訓練機（橢圓機，Ellipticals）

橢圓機也是在健身中心常被使用的運動器材之一，使用者在機台上的運動模式類似於走路的步態，但同時手部也可以跟著運動。和跑步機上不同的是，使用者的腳必須持續踩在踏板上，因此即使是在步態的擺盪期，腳也是不離開踏板上（圖 15-4），好處就是不會在腳著地瞬間產生衝撞力。但有研究[3]卻指出，現有的橢圓機雖然減緩了運動時地面對腳的衝擊力，但是因為踏板系統的活動度受到限制，以及略為向下

傾斜的運動軌跡，將使膝關節承受較大的負荷，因此以橢圓機進行訓練時因考量到使用者的肌力及關節功能，特別是膝關節功能，以避免造成傷害。

圖 15-4　SportsArt E880 心肺交叉訓練機（橢圓機）。使用者的腳必須持續踩在踏板上，因此即使是在步態的擺盪期，腳也是不離開踏板上。雖然步態軌跡受到限制，但使用者可以依據個人身高、年齡等條件，調整前後跨距與阻力。

4. 其他心肺訓練器材

除了跑步機、健身腳踏車及橢圓機外，還有像階梯機、划船機等，都是健身俱樂部常見的心肺訓練區的運動器材。使用這些機台進行心肺訓練時，應該要注意到強度的設定，過大的運動強度可能讓你的肌肉系統先產生疲勞而無法使運動繼續進行，這樣心肺訓練的效果就會大打折扣。另外，也可透

過脈搏的測量來監控自己的心跳，在運動一段時間後，停下來測量脈搏的跳動次數，計算方式可以測量 10 秒的次數乘以 6，或是測量 15 秒的次數乘以 4。脈搏的次數必須在最大心跳率的 60-85%之間，太低則沒有訓練效果，太高可能身體無法負荷，最大心跳率的計算是 220-年齡，舉例來說年齡 20 歲，最大心跳率就是 200 下，因此運動強度範圍應設定在 120 至 170 之間。市面上有些跑步機機台有心跳率的監控系統，如果運動過程中心跳率超出範圍，系統將會發出警告聲，提醒使用者調整運動強度，如改變速度或坡度等。

（二）阻力訓練器材

1. 自由重體與重量訓練機台

阻力訓練器材可分為自由重體（free weight）和重量訓練機台（machine），自由重體指的是啞鈴、槓鈴等，而重量訓練機台則包含連桿、滑輪、傳動帶、輪軸等機械結構的機台。由於自由重體在使用時，重體的移動軌跡不受到限制，因此在執行動作過程中，除了作用肌必須施力抵抗阻力外，關節附近的協同肌群都必須施力，以確保一定的運動軌跡，而重量訓練機台則因為機構元件或某些支撐架，已經固定住關節的

運動方向，因此只會訓練到主要肌群。但因為自由重體運動軌跡的自由度較高，相對就較具危險性，可是因為有較高的自由度，運動模式可以調整成和實際的運動狀況相近；重量訓練機台則因為運動軌跡受到限制，操作的動作比較固定。此外，重量訓練機台鐵塊運動範圍被固定，較為安全，而且換重量也較方便，但相對就比較佔空間，價格相對也較貴。不過，以安全及使用方便性來說，初學者還是建議先使用重量訓練機台來進行阻力訓練，等動作操作較純熟，或是機台鐵塊最大重量已不敷使用時，再考慮使用自由重體。

表 15-1　自由重體與重量訓練機台的比較。

比較項目	自由重體	重量訓練機台
訓練肌群	主要作用肌＋協同肌群	主要作用肌
運動軌跡	自由度較高	受限制
危險性	較容易受傷	較安全
協助人員	會需要（槓鈴）	通常單人可操作
換重量	較費時（槓鈴）	較簡易快速
價格	較便宜	較貴
大小	不佔空間	體積大佔空間

2. 人體肌肉用力模式

在介紹各樣重量訓練器材前,先來介紹人體肌肉收縮的主要模式。人體肌肉用力收縮模式可分為三種,等長收縮(isometric contraction)、向心收縮(concentric contraction)與離心收縮(eccentric contraction)。底下我們將以單手屈肘舉啞鈴的動作來說明三種不同的肌肉收縮模式。

(1) 等長收縮

當手握啞鈴且肘關節角度維持不變,肱二頭肌用力收縮抵抗啞鈴重量維持平衡,因肌肉長度不變,此時肱二頭肌的收縮即為等長收縮。比照於使用重量訓練機台,此時鐵塊是靜止不動。

(2) 向心收縮

當手握啞鈴,肘關節彎曲將啞鈴提起,肱二頭肌用力收縮長度變短,此時肱二頭肌的收縮即為向心收縮。比照於使用重量訓練機台,此時鐵塊是被向上提起。

(3) 離心收縮

當手握啞鈴,肘關節伸展將啞鈴慢慢放下,肱二頭肌在被拉長的情況下用力收縮,此時肱二頭肌的收縮即為離心收

縮。比照於使用重量訓練機台，此時鐵塊是被慢慢放下。以肌力表現來說，離心收縮的力量大於等長收縮，而等長收縮的力量大於向心收縮，而且離心收縮速度愈快肌力愈大，向心收縮速度愈快則肌力愈小。因此訓練上，就必須注意到向心收縮與離心收縮的不同，而且訓練爆發力，即肌力乘以肌肉收縮速率，就必須注意不能使用過重的阻力。

3. 重量訓練注意事項

進行重量訓練，特別是初學者應注意以下幾個要點：

(1) 要做熱身運動

這是從事所有運動都必須要做的，在做重量訓練前做肌肉伸展與關節活動的熱身可避免運動傷害。

(2) 要知道如何操作

如果是上體育課進行重量訓練，在使用前必須先聆聽老師的說明，特別是正確的操作，如身體姿勢、操作動作或機台調整器的調整等。不正確的操作動作，不但無法訓練到該訓練的肌群，而且可能會有安全上的問題。如果是到健身俱樂部，而又沒有運動指導教練在旁協助時，則可以參考機台上的操作圖片說明，不過最好還是請教使用過的

人，而槓鈴的使用則更是要有使用經驗的人員在旁協助幫忙。

(3) 逐漸增加負荷

如果你是第一次進行重量訓練，建議你先從 8RM 的重量開始做起（但這沒有一定，最好還是請教專業指導教練的建議），所謂 8RM 指的是這個重量你只能重複操作 8 下，因此每個人的 8RM 是不相同的。重量訓練機台的鐵塊更換相當方便，只要經過幾次的嘗試就能很快找出符合你個人的 8RM 重量。經過一段訓練後，肌力會漸漸增加，於是這個重量你可以從 8 下進步到做 12 下，甚至到 15 下，如此便可以循序漸進再增加鐵塊重量。

(4) 正確的呼吸方式

正確的呼吸方式在重量訓練當中是相當重要的，在施力將重量抬起過程，必須要吐氣，而將重量慢慢放下時要做吸氣的動作，如此做是確保在施力過程當中，保持體腔的暢通。如果是閉氣用力（這是一般人用力的方法），體腔是保持封閉的，在肌肉用力擠壓下，體腔壓力將增加，血壓也會跟著增加，我們看到有些人用盡全力時會面紅耳赤，就是因為用力過程閉氣而導致努責現象。血壓的增加，當

然對血管較脆弱的人而言，就會造成威脅。

(5) 向心、離心訓練並重

前面提過肌肉在做離心收縮時，會產生較大的肌力。因此重量訓練過程中，絕對不能忽略離心訓練，也就是在放下鐵塊時，必須繼續施力並慢慢放下，才能訓練到肌群的離心收縮。如果將重量直接放下，就僅能做到肌肉的向心收縮。最近有專門強調離心收縮訓練的方法，稱為 negative training，這種訓練需要協助人員將重量抬起，讓操作者僅做離心的訓練；或是盡可能將離心收縮的速度減慢；也有訓練機台廠商，針對向心與離心肌力大小不同的差異，在鐵塊的裝置上做調整，使做向心收縮時的阻力較小，做離心收縮時的阻力較大。

YouTube keywords：negative training.

推薦影片

■ Tip of the Week-Negative Training.影片中當訓練者作離心收縮時（肘關節伸展），輔助人員給予下壓力量，增加離心收縮時的負荷。

■ 2 Arms Up 1 Arm Down Seated Cable Row Negatives For the Back. 以雙手將鐵塊拉起，接著做單手離心收縮時，放下鐵塊的速度減

慢，逼使肌肉在被拉長時，必須持續用力收縮。

■www.x-force Negative training. m4v.當作向心收縮時，鐵塊是在傾斜面上移動，此時負重較輕  為什麼呢？；當作離心收縮時，鐵塊改為上下垂直移動，此時負重較重。

(6) 交替訓練不同部位肌群

每一台重量訓練機台都有其主要訓練的肌群，因此在使用機台時，必須注意交替訓練不同部位的肌群，以避免重覆訓練相同部位的肌群，因而產生疲勞現象。譬如，如果先訓練下肢肌群，如股四頭肌，則在每組（set）之間的休息時間，可以訓練上肢肌群或軀幹的核心肌群。或者在完成下肢肌群的所有組數後，接著換訓練上肢的肱二頭肌或是軀幹的腹直肌等。總之，要讓訓練過後的肌群有足夠充足的休息時間。

(7) 切勿過度訓練

重量訓練的程序，通常是以每組做完 8-12 次重複，共完成 3 組，且組與組之間休息約 1 到 2 分鐘，當然重量訓練的處方是因人而異的，最好還是請教有經驗的人或是專業指導教練。若要維持肌力，每週至少要完成 2 次完整的

重量訓練，若能每週 3 次，每次間隔 1 天休息，則可以讓肌肉有修復時間，以產生適應並讓肌力增強，如果過度訓練，比如每天都做肌力訓練，則肌肉可能會因為沒有足夠的休息時間而產生運動傷害。

4. 重量訓練機台提供的阻力

目前重量訓練機台所提供的阻力方式大概有以下幾種：

(1) 固定阻力

以固定重量的鐵塊提供阻力，須提起的鐵塊數愈多，阻力就愈大。通常每塊鐵塊約 5 公斤或 10 磅，但某些機台考量到女性使用者肌力較不足的緣故，會採用重量微調的方式（圖 15-5），每次可增加 1.5 公斤或 3 公斤等，此微調裝置就是在主要鐵塊的滑軌外，另增加一滑軌，上面有兩塊重 1.5 公斤的鐵塊，當插捎插在 1 塊鐵塊上時，阻力增加 1.5 公斤，2 個插捎都向內推，也就是同時提起兩個鐵塊時，阻力會增加 3 公斤，如此可避免主要軌道更動 1 塊鐵塊時，重量就要增加 5 公斤，可能使肌力較不足的人，不容易調整適合的阻力大小。

圖 15-5　SportsArt 重量訓練機台，鐵塊重量微調的機構。上方較小的
　　　　插捎每推入一個時，重量就會增加 1.5 公斤（左圖）。增加的
　　　　兩塊質量各 1.5 公斤的鐵塊，是在另一個滑軌上移動的（右
　　　　圖）。

(2) 可變阻力

在以關節伸展、彎屈動作來訓練關節肌群的機台，如訓練
股四頭肌的大腿伸展機，通常會採用輪軸系統來做為阻力
與施力之間的連結，輪的部份會以傳動帶，繞過定滑輪

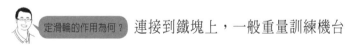 定滑輪的作用為何？　連接到鐵塊上，一般重量訓練機台

的負重輪都是採用圓形構造，也就是不管轉到那個位置，

阻力大小是相同的　為什麼呢？　，以動作來說，就是關

節運動任何一個角度,所需抵抗的阻力力矩是相同的。但是肌力大小通常會和關節角度有關,比如以肘關節為例,肱二頭肌在肘關節接近約 90 度時力量最大,而肘關節在接近 0 度或 180 度時,肌力最小,如果在伸展彎屈過程中所受的阻力力矩是相同的,則在 90 度時感覺是較輕省的,但是在接近 0 度或 180 度時,就會覺得比較吃力。因此為了使關節伸展彎屈過程,肌肉所承受的阻力的感覺是相似的,有些機台會將負重輪採用凸輪(cam)的構造,也就是輪的旋轉軸在偏心的位置(圖 15-6)。如此,當輪轉到右上圖的位置時,抗力臂大,阻力相對較大;當輪轉到右下圖的位置時,抗力臂較小,阻力較小。當然凸輪的曲率半徑必須配合肌力隨關節角度的變化,如此才能使操作過程施力的感覺是一致的。

(3) 電腦控制阻力

另外,為了某些特別因素,阻力可隨著使用者的施力大小做調整變化,使關節伸展彎曲的速度一致,或者說使肌肉做等速收縮,因此阻力部分就必須由電腦系統來控制。當施力愈大,所受到阻力就愈大;當施力愈小,所受到的阻力就愈小,但始終讓關節角速度維持固定。通常操作上,

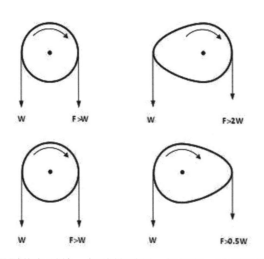

圖 15-6　圓形的負重輪，無論轉到哪一個位置，負重力矩不變（左圖），不管在甚麼位置，只要施力大於鐵塊重量就會造成負重輪轉動。凸輪結構的負重輪轉到不同位置時，負重的力矩卻是不相同的（右圖），右圖上的位置，施力必須大於鐵塊重量的2 倍，輪才會轉動；但轉到右圖下的位置，施力只要大於鐵塊重量的一半。

會要求受試者用盡全力，因此在設定不同的等速收縮下，可以測量出肌肉的最大向心或離心收縮力量。在第二章中，我們曾介紹過等速肌力測量儀 biodex，便是在不同的關節角速度運動下，評估各關節肌肉力矩的表現，並且做分析比較。

5. 滑輪組

前面提到負重輪會經由傳動帶繞過定滑輪連接到鐵塊上,使用定滑輪最主要的功能就是改變力的方向,因為重量訓練機台主要是藉由鐵塊的重量提供阻力,因此鐵塊的運動方向是上下運動的,但操作的動作卻不一定在上下方向,因此必須透過定滑輪來改變方向。當然使用愈多的定滑輪,就必須要更長的傳動帶,而且機台占的空間也會受到影響。除了定滑輪外,也常看到某些機台有動滑輪的結構(圖 15-7),而這些動滑輪的功能又是甚麼呢?大家不妨仔細觀察,其實只有某些重量訓練機台才會有動滑輪的構造元件唷!

圖 15-7 重量訓練機台的定滑輪(左圖為 SportsArt A956 大腿推蹬機)和動滑輪(右圖為 SportsArt A919 側肩上舉訓練機)機構元件。左圖的定滑輪共有幾個呢?右圖動滑輪的功能又是甚麼呢?

附 註

1. 這是在公視獨立特派員「玩健康系列」報導中，介紹位於荷蘭來頓的人體旅程教育館，其中一段關於互動健身腳踏車的使用說明，是非常有趣的設計。

2. 筆者在成功大學開設的通識課「運動與科學」，期末都會要求學生設計一台運動器材，並鼓勵學生將設計作品參加比賽，當年共有 2 個工設系學生獲獎，一位是工設 100 級吳旻橋設計的「angle free」獲得特優獎，另一位工設 100 級李佳隆設計的「腳踏扇」獲得優選獎。另外，2011 年工設 101 級朱妍澔以及 102 級鍾承庭共同設計的 cane jumper 也獲得 2011 年的特優創新設計獎。

3. Liu, T. W., Chien, H.L., and Chen, H.L. (2007) Joint loading in the lower extremities during elliptical exercise. Medicine and science in sport and exercise, 39(9), 1651-1658. 這是台大醫工所呂東武老師研究團隊關於橢圓機的研究成果。

重點複習

1. 請舉出一般人沒有規律運動習慣的可能原因？體適能運動器材的設計，如何解決這些問題？

2. 電動跑步機有哪些主要的構造部位？這些構造部位提供那些功能？

3. 使用跑步機、健身腳踏車、橢圓機等心肺訓練器材，應注意那些事項？

4. 阻力訓練器材中，自由重體與重量訓練機台在使用上有何差異？初學者應使用其中哪一種訓練器材較適合？

5. 人體肌肉用力收縮的模式有哪些？如何應用在阻力訓練課表上？

國家圖書館出版品預行編目資料

運動與科學=Sport and science/邱宏達著.--二
版--.--臺北市：五南圖書出版股份有限公
司,2022.09
　面；　公分.
ISBN 978-626-317-905-9（平裝）
1.CST: 運動
528.9　　　　　　　　　111008408

5C02

運動與科學
Sport and science

作　　　者 ― 邱宏達(152.3)

發 行 人 ― 楊榮川

總 經 理 ― 楊士清

總 編 輯 ― 楊秀麗

主　　　編 ― 高至廷

責任編輯 ― 張維文

封面設計 ― 王麗娟

出 版 者 ― 五南圖書出版股份有限公司

地　　　址：106台北市大安區和平東路二段339號4樓

電　　　話：(02)2705-5066　傳　　真：(02)2706-610●

網　　　址：https://www.wunan.com.tw

電子郵件：wunan@wunan.com.tw

劃撥帳號：01068953

戶　　　名：五南圖書出版股份有限公司

法律顧問　林勝安律師事務所　林勝安律師

出版日期　2012年12月初版一刷
　　　　　2022年 9 月二版一刷

定　　　價　新臺幣400元

經典永恆·名著常在

五十週年的獻禮──經典名著文庫

五南，五十年了，半個世紀，人生旅程的一大半，走過來了。

思索著，邁向百年的未來歷程，能為知識界、文化學術界作些什麼？

在速食文化的生態下，有什麼值得讓人雋永品味的？

歷代經典·當今名著，經過時間的洗禮，千錘百鍊，流傳至今，光芒耀人；

不僅使我們能領悟前人的智慧，同時也增深加廣我們思考的深度與視野。

我們決心投入巨資，有計畫的系統梳選，成立「經典名著文庫」，

希望收入古今中外思想性的、充滿睿智與獨見的經典、名著。

這是一項理想性的、永續性的巨大出版工程。

不在意讀者的眾寡，只考慮它的學術價值，力求完整展現先哲思想的軌跡；

為知識界開啟一片智慧之窗，營造一座百花綻放的世界文明公園，

任君遨遊、取菁吸蜜、嘉惠學子！